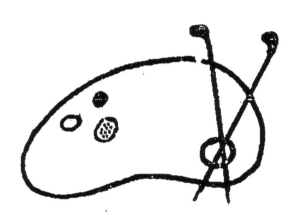

Couvertures supérieure et inférieure
en couleur

FERNAND ENGERAND

DÉPUTÉ DU CALVADOS

LE FER
SUR UNE FRONTIÈRE

LA
POLITIQUE MÉTALLURGIQUE
DE L'ÉTAT ALLEMAND

UN PORTRAIT ET TROIS CARTES

ÉDITIONS BOSSARD
43, RUE MADAME, 43
PARIS
1919

Collection Grand In-octavo

WOODROW WILSON. — Histoire du Peuple Américain. (Traduction de Désiré Roustan, professeur de philosophie ; préface de M. Émile Boutroux de l'Académie française). Deux forts volumes grand in-octavo, de plus de 700 pages chacun. Trente planches hors texte sur papier de luxe, reproduisant les portraits des présidents des États-Unis. Prix des deux volumes brochés (en livraisons) 40 fr., reliés.   50 fr.   »

FERNAND ENGERAND. — Le Secret de la Frontière, 1815-1871-1914 Charleroi. 8 portraits sur planches hors-texte, gravés d'après les dessins de A. Bonnat ; 14 cartes hors texte. ; un index des noms de personne cités . . . .   15 fr.   »

P.-N. MILIOUKOV. — Le Mouvement Intellectuel Russe (Traduit du russe par J.-W. Bienstock, 4 portraits . . . .   18 fr.   »

AUGUSTE GAUVAIN. — L'Europe au Jour le Jour. Encyclopédie d'histoire contemporaine.

Tome I. **La Crise Bosniaque** (1908-1909).	7 fr. 50
Tome II. **De la Contre-Révolution turque au Coup d'Agadir** (1909-1911)	7 fr. 50
Tome III. **Le Coup d'Agadir** (1911)	7 fr. 50
Tome IV. **La Première Guerre Balkanique** (1912)	7 fr. 50
Tome V. **La Deuxième Guerre Balkanique** (1913)	9 fr. »
Tome VI. **Les Préliminaires de la Guerre Européenne** (1913-1914) . .	9 fr. »

A. ALBERT-PETIT. La France de la Guerre.

Tome I. (Août 1915 à Mars 1916)	9 fr. »
Tome II. (Mars 1916 à Septembre 1917).	9 fr. »
Tome III. (Sept. 1917 à signature des préliminaires de la paix) (à paraître)	9 fr. »

Collection in-octavo

A.-J. BALFOUR. — L'Idée de Dieu et l'Esprit Humain. Un vol. de luxe   9 fr.   »
EUGÈNE PITTARD. — La Roumanie. 50 illustrations, dont 35 hors texte   9 fr.   »
B. BAREILLES. — Constantinople. *Ses cités franques et levantines.* Une planche hors texte par Edgar Chahine, 33 illustrations et un plan, par Adolphe Thiers   9 fr.   »
HAROLD BEGBIE. — L'Angleterre justifiée (Traduit de l'anglais). . .   6 fr.   »
LOUIS DUMUR. — Les deux Suisse (1914-1918). Nouvelle édition   6 fr.   »
PIERRE BERTRAND. — L'Autriche a voulu la grande guerre . . .   7 fr. 50
Président WILSON. — Messages, Discours, Documents diplomatiques relatifs à la guerre mondiale. (18 août 1914 — 4 mars 1919). Traduction conforme aux textes officiels, publiée avec des notes historiques et un index par DÉSIRÉ ROUSTAN, professeur de philosophie au Lycée Louis-le-Grand. Deux volumes. . . . .   9 fr.   »
ÉMILE LALOY. — La Diplomatie de Guillaume II. (1888-1914) . . .   6 fr.   »
JOSÉ-P. OTERO. — La Révolution Argentine (1810-1816). . . .   6 fr.   »
FERNAND ENGERAND. — Le Fer sur la Frontière. La politique métallurgique de l'État allemand. 8 cartes et 1 portrait hors-texte. . . . .   5 fr. 40
ALPHONSE LUGAN. — Le Congrès de la Paix et le Monde de Demain en face des Problèmes internationaux. Vue d'ensemble. . . . .   5 fr. 40
L'ABBÉ WETTERLÉ. — Les Coulisses du Reichstag (seize années de vie parlementaire en Allemagne). . . . .   5 fr.   »
JULES CHOPIN (Jules Pichon). — **L'Autriche-Hongrie « brillant second »** Préface de M. Ernest Denis. . . . .   5 fr.   »
EUGÈNE GASCOIN. — Les Victoires Serbes de 1916. 20 photographies et 1 carte hors texte . . . .   4 fr. 80
LOUIS ENGERAND. — L'Opinion publique dans les Provinces Rhénanes et en Belgique (1789 — 1815). Préface de M. Louis Madelin. . . . . .   4 fr. 20

Les ouvrages des « Éditions Bossard » ne subissent aucune majoration de prix.

IMPRIMERIE BUSSIÈRE. — SAINT-AMAND (CHER).

LE FER SUR UNE FRONTIÈRE

LA
POLITIQUE MÉTALLURGIQUE
DE
L'ÉTAT ALLEMAND

SIDNEY GILCHRIST THOMAS

Né le 16 Avril 1850 à Cononbury

Mort à Paris, le 1ᵉʳ Février 1885

Photogravure by Annan & Swan, from a photograph by S. V. White, Reading.

FERNAND ENGERAND

DÉPUTÉ DU CALVADOS

LE FER
SUR UNE FRONTIÈRE
LA
POLITIQUE MÉTALLURGIQUE
DE L'ÉTAT ALLEMAND

UN PORTRAIT ET TROIS CARTES

ÉDITIONS BOSSARD
43, RUE MADAME, 43
PARIS
1919

INTRODUCTION

En 1915, dans un premier livre : Les Frontières lorraines et la force allemande, *j'ai étudié la frontière au point de vue économique, démontrant, — le premier, je crois, — que la puissance de l'Allemagne résulta du rapt de deux morceaux de notre Lorraine : le rapt de 1815 qui lui assura la prépondérance continentale quant à la houille et condamna la France à la médiocrité industrielle par le retrait des précieux charbonnages de la Sarre ; le rapt de 1871, qui permit son hégémonie métallurgique en lui donnant le minerai de fer, qui lui manquait.*

Dans un second livre : Le Secret de la frontière (1815-1871-1914) Charleroi, *j'ai observé la frontière au point de vue politique et militaire, dévoilant les intentions ennemies qui, en 1815 et en 1871, inspirèrent son établissement et comment, en 1914, ces intentions purent se réaliser par une erreur de notre commandement, qui, n'escomptant d'attaque qu'à l'Est, laissa jusqu'au dernier moment sans défense toute la région du Nord.*

Cette tragique erreur nous valut l'occupation cruelle et prolongée du plus riche quartier du pays

F. ENGERAND   1

mit l'ennemi aux portes de Paris et la France près
de sa perte : l'héroïsme inégalé de ses soldats, le
génie de quelques grands chefs et l'aide de Dieu nous
sauvèrent. Mais cette sublime victoire de la Marne
risque d'être une victoire à la Pyrrhus, car subite-
ment l'armée victorieuse se vit sans armes et le
gouvernement sans moyens de lui en donner ; nous
avions laissé prendre et même abandonné sans le
défendre, le siège de notre métallurgie, la région
essentielle du fer, Briey. Après la Marne, la France
se voyait dépossédée de plus de 75 0/0 de sa production de fonte et d'acier, de 70 0/0 de sa production de houille, de 90 0/0 de sa production de
minerai !

La méconnaissance économique de la frontière
avait cette effroyable conséquence que, nous retirant
à nous-mêmes nos armes, nous avions, de nos
mains, donné à nos ennemis les moyens de nous
combattre. Briey fut assurément aussi grave que
Charleroi, et ce fut le plus grand miracle et la
plus éclatante marque de la vitalité française que
nous ayons pu n'y pas succomber.

Il aura fallu cette guerre pour nous révéler l'importance des matières premières ; nos plus hautes
autorités, le gouvernement même ne soupçonnaient
ni la force politique que procure le charbon, ni la
nécessité du minerai de fer pour la défense nationale ! Comment autrement avoir laissé se concentrer la quasi totalité de notre métallurgie sur
la frontière, et, à Briey, n'avoir établi aucune
défense sur ces 24 kilomètres de frontière où
nous tenions sous le canon la seule réserve de
minerai de l'Allemagne ? Il a fallu qu'une guerre

de positions se substituât à la guerre de mouvement
pour nous apprendre que, sans minerai ni charbon,
on n'a que très difficilement des canons et des obus.

Ignorance sans exemple, qui fera assurément la
stupéfaction de l'Histoire, qui déjà, dès la guerre,
fit celle des Allemands.

« Si aux premiers jours de la guerre — déclarait
l'un d'eux (¹) — les Français avaient pénétré sur
une profondeur d'une douzaine de kilomètres en
Lorraine, ils auraient, non seulement protégé leur
propre production de minerai de Briey, mais porté
à notre production allemande de minerai le coup
mortel, et la guerre eût été terminée en six mois
par la défaite de l'Allemagne. »

« L'Allemagne — avoue un autre (²) — ne doit
qu'à l'ignorance de ses ennemis, sur ces questions
du fer et du charbon, d'avoir pu continuer sans
aucune gêne sa fabrication industrielle. Ses grands
bassins miniers sont exposés aux coups de l'ennemi. Les mines de Lorraine sont à la frontière
même ; les Français en auraient pu aisément
anéantir, dès les premiers jours, toutes les super-
structures avec des pièces à longue portée et en
paralyser l'activité. Si nos ennemis avaient su,
au début de la guerre, qu'ils pouvaient paralyser
toute notre activité industrielle, c'en était fait de
nous ! »

« Si nous ne possédions Briey — confesse un
troisième (³) — nous aurions été depuis longtemps

_____

(¹) Leipziger Nachrichten, 10 octobre 1917.
(²) Le conseiller des finances Haux, dans la Kœlnische Zeitung,
du 15 janvier 1918.
(³) Le Dr Reichert, mandataire de l'Association des industriels allemands du fer et de l'acier, dans le Wirtschaftzeitung der

*vaincus, car nous n'aurions pu produire en suffi-
sance le fer et l'acier Thomas ; nous n'aurions pu
approvisionner, comme il le fallait, notre armée,
notre marine, les armées de nos alliés. Il est facile
de se représenter ce qui serait alors advenu des puis-
sances centrales. Si nos ennemis nous avaient
chassés de Lorraine, nous n'aurions pu produire
que le quart de la fonte que nous fabriquions en
temps de paix ; ni nous ni nos alliés n'aurions pu
vivre dans ces conditions.* Briey nous a sauvé la
vie ! »

On multiplierait les témoignages.

*Quelle plus formidable leçon de choses, et de tels
aveux ne devraient-ils pas être lus et commentés
dans toutes les écoles, car en est-il de plus capables
de frapper, d'émouvoir la jeunesse ?*

*C'est l'histoire de cette terrible erreur que je me
propose aujourd'hui d'écrire.*

L'erreur de Briey, au fond, se ramène à ceci :

*Le gouvernement français commit cette impru-
dence inouïe de laisser se concentrer l'activité métallurgique du pays sur la frontière ; il l'aggrava
en maintenant ouverte et sans défense cette frontière
sur un point aussi vital, et, alors qu'en France le
minerai de fer se trouvait ailleurs et même de qua-*

Zentralmaechte, du 7 décembre 1917. — Et surtout consulter le *Mémoire confidentiel des six grandes associations industrielles et agricoles de l'Allemagne au Chancelier sur les conditions de la paix future* (20 mai 1915) et le *Mémoire confidentiel de l'Association des industriels allemands du fer et de l'acier et de l'Association des maîtres de forges allemands pour l'incorporation du bassin minier franco-lorrain* (décembre 1917) — publiés l'un et l'autre par le Comité des Forges de France.

lité supérieure, en n'en permettant une exploitation sérieuse que dans ce district si périlleux de l'Est.

Comment cela se put-il faire ? C'est ce que nous aurons à voir, non seulement par l'histoire de notre métallurgie de l'Est, mais encore par l'examen du problème minier et métallurgique de Normandie et de l'Ouest, et spécialement en montrant les obstacles qui contrarièrent un essai de déconcentration de notre métallurgie et l'établissement d'un centre nouveau, loin des atteintes de l'ennemi.

Mais, au préalable, il m'a paru logique et nécessaire d'établir comment l'Allemagne, dans une situation infiniment plus défavorable puisqu'elle n'avait de minerai que sur la frontière lorraine, sut éviter une telle faute ; comment son gouvernement, au fait de son métier, entrevit le danger et par quels moyens il sut maintenir en Westphalie le principal de sa métallurgie.

Ce point spécial et préalable fait l'objet du présent livre.

Assurément les deux parties du problème eussent gagné à être présentées ensemble ; une question d'opportunité commandait que celle-ci parût avant celle-là.

La France victorieuse a, sur ce point, un intérêt contraire à celui qu'eut l'Allemagne. La dure expérience de ces quatre années nous a démontré qu'une guerre prolongée est quasi impraticable avec une métallurgie concentrée sur une frontière. Ne serait-ce pas, pour la paix, l'une des plus efficaces garanties que d'amener la métallurgie allemande sur cette rive gauche du Rhin, neutralisée et désarmée, où l'attire une force supérieure, puisque là seulement

*se trouvent à la fois le minerai et le charbon. Recon-
naître les moyens par où le gouvernement allemand
put empêcher cette concentration, c'est indiquer au
gouvernement français ceux par lesquels il la pourrait favoriser, et lui donner les bases nécessaires
d'une politique métallurgique qui, avant la guerre,
lui fit toujours et totalement défaut.*

∞

On sait que les richesses minières du continent
européen sont ainsi disposées que presque tout le
minerai de fer est en France, presque tout le charbon en Allemagne ; or, tout ce minerai, tout ce
charbon sont concentrés dans un secteur assez étroit,
des rives du Rhin à celles de la Moselle, et, par
un paradoxe ironique s'il n'était tragique, sur les
frontières mêmes de celui des pays qui a besoin
du produit que l'autre a en surabondance : sur
191 millions de tonnes de houille extraites en 1913
du sol allemand, 141 provenaient des bassins rhénan-westphalien et de la Sarre ; sur 7 milliards
environ de tonnes auxquels sont évaluées les réserves ferrugineuses de la France, 5 sont en Lorraine. L'Europe centrale est presque dépourvue de
minerai de fer.

Une seule région détient à la fois le minerai et
la houille, la Lorraine, dont le bassin ferrifère est
comme inséré entre les bassins houillers de la
Sarre et de la Moselle et ceux du Nord français et
de la Belgique. La Lorraine était ainsi destinée à
devenir le plus puissant centre métallurgique, les
forges de l'Europe.

Une industrie se pose où est sa matière première. Dans les pays où l'ordre économique est normal, l'industriel recherche, en effet, le prix de revient le plus abaissé, puisque c'est sur sa marge que se règle le bénéfice, et c'est par l'indépendance de sa matière première qu'il arrive le mieux à ce résultat.

La métallurgie a deux matières premières, l'une qu'elle consomme par grandes quantités, qui est lourde et d'assez peu de valeur, le minerai ; l'autre, dont il lui faut trois fois moins, de peu de poids mais d'un prix élevé et systématiquement maintenu élevé, le coke ; — si le minerai de fer ne sert qu'à la métallurgie, le charbon alimente toutes les industries. La position idéale pour la métallurgie serait d'être à la fois sur le fer et le charbon ou sur l'un et près de l'autre ; mais à défaut de l'un on peut théoriquement discuter sur la préférence à donner : en fait, alors, la question du transport domine.

La Lorraine, ayant à la fois le minerai et le charbon, était donc le pays privilégié du fer, et la France avec elle. Il semblerait que, pendant un siècle, la politique constante de la Prusse ont été de contester cette investiture géologique et de réduire à son profit ces avantages naturels. En 1815, nous prenant les houillères lorraines de la Sarre, elle nous réduisait pour le charbon à la portion congrue : la France n'en avait plus assez, la Prusse en avait beaucoup trop. Mais le minerai lui manquait presque totalement ; elle en prit une bonne part en 1871 avec la partie qu'on sait du bassin de Lorraine. Ce double rapt territorial lui donna les éléments d'une métallurgie puissante, et qu'elle fît colossale.

Cette métallurgie s'était établie d'abord sur le charbon en Westphalie ; elle trouvait une compensation au manque de minerai dans la pleine disposition de la plus magnifique voie de transport, le Rhin. L'annexion de la Lorraine modifia les positions et nécessairement devait changer les méthodes et la politique métallurgiques. De ce fait, la métallurgie lorraine retrouvait la houille, dont elle avait été dépouillée en 1815 ; les régions lorraines du Sud-Ouest pouvaient, au surplus, avoir très facilement accès au Rhin par la double canalisation de la Moselle et de la Sarre. La volonté de la terre attirait la métallurgie allemande en Lorraine, dans le Sud-Ouest, sur les frontières ; la volonté impériale mit obstacle à une telle concentration, dont le péril était évident.

L'intérêt de la défense nationale commandait de retenir cette métallurgie sur la rive droite du Rhin, loin de l'ennemi : c'est, en effet, une règle primordiale de gouvernement qu'on ne concentre pas sur une frontière un des organes de la défense nationale, et de plus en plus la métallurgie devenait l'essentiel. Aussi le gouvernement allemand eut-il cet objectif de contrarier, dans la très forte mesure de son pouvoir, une telle concentration, de partager la métallurgie germanique en plusieurs centres et de maintenir le principal sur le charbon rhénan-westphalien. C'est le développement de cette politique que je me suis proposé de connaître et d'exposer.

∾

Je me suis attaqué là à une œuvre riche en difficultés. Il faut que le lecteur se persuade que l'histoire de la métallurgie est un peu celle d'une société
secrète ; il y a une franc-maçonnerie du fer, dissi-
mulée et peut-être internationale comme l'autre.
Pour de telles recherches l'application de l'historien
ne suffit pas, il faudrait l'âme d'un juge d'instruc-
tion et même d'un limier de police.

Les métallurgistes français ne s'aiment guère les
uns les autres, ils sont fort divisés et il semble que
ce serait là un bon moyen pour se renseigner près
des uns sur les autres, mais l'entente se reforme
spontanément contre le profane qui prétend connaître la politique corporative et le mystère du prix
de revient ; le secret des affaires est aussi jalouse-
ment gardé qu'un secret de famille. Pourtant, s'il est
une industrie où le secret ne soit pas de mise et sur
laquelle le contrôle national se doive plus étroitement exercer, c'est la métallurgie : les métallurgistes
français sont les exploitants et non les possesseurs
d'une partie du domaine national et leur industrie
est l'âme même de la défense nationale.

Et s'il est déjà malaisé à un Français de connaître les choses de la métallurgie française, que
sera-ce de celles de la métallurgie allemande ? Ici
le secret des affaires se double d'un secret d'État et
seules la vue et la vie des événements actuels auront permis de le discerner.

J'ai voulu, malgré ces obstacles, tenter de péné-
trer ces arcanes et de découvrir le secret de la poli-

tique houillère et de la politique métallurgique de l'Allemagne.

Cette double étude s'imposait. Si, en effet, l'Etat allemand empêcha la concentration de sa métallurgie dans le Sud-Ouest et en put retenir le principal sur la rive droite du Rhin, il n'y parvint que par le charbon — d'une part, en permettant à la Westphalie de tirer plein parti de sa position houillère exceptionnelle ; en contrariant d'autre part l'exploitation des charbonnages lorrains de la Sarre et en rendant leur coke inapte aux emplois métallurgiques. La Sarre semble avoir été le nœud du problème métallurgique allemand.

L'Etat allemand devait donc avoir tout ensemble une politique houillère et une politique métallurgique ; j'ai dû examiner séparément l'une et l'autre, et ce fut par la connaissance de l'une que je pus reconnaître le secret de l'autre. Malgré leur connexité il m'a paru nécessaire de les présenter séparément.

Il n'est pas de matière plus compliquée et plus obscure ; il faut percer tout un réseau de mensonges intéressés, d'erreurs profitables, deviner plus que comprendre ; que le lecteur veuille bien considérer que nous n'avons pas encore une étude d'ensemble sur la métallurgie allemande ! Confondre dans une seule monographie la politique houillère et la politique métallurgique de l'Allemagne, eût été risquer d'ajouter encore à l'obscurité : il n'y a qu'en musique que deux noires valent une blanche.

Assurément, ce livre n'est pas pour ceux qui recherchent des lectures reposantes et faciles ; il exigera du lecteur quelque attention, mais je puis

lui donner l'assurance qu'il n'est pas de sujet qui
en soit plus digne.

Les deux parties de ce livre parurent, dans le
Correspondant, en janvier et en septembre 1916 (¹).

Depuis lors, une découverte scientifique est venue
vérifier et corroborer l'hypothèse, qui était le pivot
même de ma démonstration et que je n'avais avancée
qu'en tremblant : à savoir que si les charbons de la
Sarre ne donnaient pas un coke apte à la métallurgie, c'était par un calcul réfléchi du fisc prussien
qui, par ce moyen, retirant à la métallurgie du
Sud-Ouest le bénéfice de la houille lorraine, permettait à celle de Westphalie de se maintenir sur
la rive droite du Rhin. Mais le jour, avançais-je,
où l'Etat français assurera la fortune de l'ingénieur qui fera cesser cette inaptitude, le charbon de
la Sarre fera de bon coke métallurgique.

Sans attendre cette invitation, dès 1917, un savant
éminent, M. Georges Charpy, sous-directeur technique de Châtillon-Commentry, a démontré qu'on peut
obtenir du coke métallurgique avec presque tous les
charbons en opérant systématiquement après recherche préalable des conditions les plus favorables
pour chaque cas particulier, au lieu de se préoccu-
per, comme on l'a fait généralement jusqu'ici, de
rechercher une qualité de charbon qui donne sûrement un bon coke, quelles que soient les conditions
dans lesquelles on le soumet à la cuisson.

(¹) Je dois signaler que cette publication fut faite avant la
brochure de M. Alfassa, Le fer et le charbon lorrains (Belin, 1916).
J'ai retrouvé dans ce livre quelques-unes des idées essentielles de
mes deux études : ne voulant pas être accusé d'emprunt, je suis
obligé de revendiquer cette priorité.

Une telle découverte, qui peut être l'égale de celle de Thomas pour le minerai phosphoreux, a fait l'objet de deux communications à l'Académie des Sciences (¹), qui a, ensuite, élu l'inventeur comme l'un de ses membres : ce pourrait être l'une des grandes victoires économiques de ce temps, puisqu'elle permettrait de corriger ce désavantage pour le charbon, que nos métallurgistes invoquaient un peu trop pour justifier leur moindre effort.

M. Charpy m'a fait l'honneur de m'écrire qu'il avait entrepris ses recherches après avoir lu ces articles du Correspondant où j'affirmais que si l'on posait nettement aux ingénieurs la question de la fabrication du coke avec un charbon quelconque, ils sauraient bien la solutionner. C'est là une très grande gloire pour un modeste écrivain, mais, si je crois devoir rendre public un aussi honorable témoignage, c'est moins par légitime fierté que pour attester au lecteur le bien-fondé de mes hypothèses.

Le charbon de la Sarre fera de bon coke métallurgique quand on voudra et la politique métallurgique de l'État allemand fut bien celle que j'avais reconnue et dont on trouvera l'exposé dans les pages qui vont suivre.

Ce livre vient donc à son heure, puisqu'il apporte à l'État français l'indication de la politique

(¹) *Comptes rendus des séances de l'Académie des Sciences*, tome CLXIV, 1917, p. 106 ; tome CLXVII, 1918, p. 322. Sur la formation du coke, note de MM. Georges Charpy et Marcel Godchot. Voir également une étude de M. C. BERTHELOT, *Vers le rapprochement des usines à gaz et des cokeries*, dans la revue *Chimie et industrie*, décembre 1918.

métallurgique, qu'il doit adopter pour permettre à cette rive gauche du Rhin de connaître toute la prospérité dont la nature lui donna les moyens et dont la politique prussienne lui refusa la pleine réalisation.

... Et ce pourra être le premier bienfait de la France victorieuse.

F. E.

27 janvier 1919.

PREMIÈRE PARTIE

LA POLITIQUE HOUILLÈRE
DE L'ALLEMAGNE

I

L'ALLEMAGNE ET LE CHARBON

Importance économique et politique de la houille. — Position formidable de l'Allemagne au point de vue houiller. — Danger d'une concentration métallurgique sur la frontière occidentale. — Par le charbon la métallurgie westphalienne contrôle la métallurgie française. — La politique houillère de l'Allemagne : le syndicat rhénan-westphalien, les métallurgistes et l'État.

Un exposé de la politique houillère de l'Allemagne est l'introduction nécessaire d'une étude du problème minier et métallurgique français, puisque c'est par le charbon que la métallurgie allemande a tenu en position d'otage notre métallurgie française presque entièrement concentrée à l'Est.

Le charbon fut assurément l'un des principaux, et même le principal avantage économique et politique de l'Allemagne, un de ses moyens d'autorité sur les autres peuples, ses voisins.

Mieux que tout discours, les faits ne nous ont-
ils pas démontré l'importance politique de la
houille et la prépondérance qu'elle confère aux
pays qui en sont largement dotés (¹) ? Que fus-
sions-nous devenus dans cette guerre si l'Angleterre ne nous avait pas approvisionné de charbon, et n'est-ce pas par le charbon — par le
charbon belge et du Nord français — que l'Allemagne put dominer les neutres, les soustraire
au contrôle de l'Angleterre, retenir leur hostilité ?

Nous avons l'aveu des intéressés. On relève
cette déclaration catégorique dans le Mémoire
confidentiel adressé le 20 mai 1915, par les six
grandes associations industrielles et agricoles
d'Allemagne, à M. de Bethmann-Hollweg sur les
conditions de la paix future (²) :

(¹) « Dans la phase industrielle que le monde traverse, la richesse d'un peuple résulte surtout de la quantité d'énergie mécanique dont il dispose. Cette énergie mécanique peut provenir du
travail manuel de l'homme — ou du travail fourni par la combustion du charbon.

« ...Une tonne de houille représente le travail de 5 hommes pendant
un an et un million de tonnes le travail de 5 millions d'hommes...
Un million de tonnes valent, à raison de 15 francs la tonne, 15 millions de francs. Si on évalue le salaire de chaque ouvrier à 5 francs
par jour, soit 1.500 francs pour 300 jours, les 5 millions de manœuvres nécessaires pour remplacer un million de tonnes de charbon coûteraient 7 milliards 500.000 francs. En substituant le travail
de l'ouvrier houille à celui de l'ouvrier humain, le premier ne coûte
que 3 francs par an au lieu de 1.500 francs.

« Augmenter la richesse d'un pays en houille revient donc à
multiplier énormément le nombre de ses habitants. Beaucoup de
houille et peu d'habitants vaut mieux que peu de houille et beaucoup d'habitants... » (D' Gustave Le Bon, *Enseignements psycho-
logiques de la guerre européenne*, 1916, p. 55).

(²) *Comité des Forges de France.* Circulaire n° 655.

« *La possession de grandes quantités de charbons et principalement de charbons riches en bitume qui abondent dans le bassin du nord de la France, est au moins aussi importante que le minerai de fer pour l'issue de la guerre.*

« *Le charbon est un des moyens d'influence politique les plus décisifs.* LES ÉTATS NEUTRES INDUSTRIELS SONT OBLIGÉS D'OBÉIR A CELUI DES BELLIGÉRANTS QUI PEUT LEUR ASSURER LEUR PROVISION DE CHARBON. NOUS NE LE POUVONS PAS SUFFISAMMENT EN CE MOMENT ET SOMMES OBLIGÉS, DÈS AUJOURD'HUI, D'AVOIR RECOURS A LA PRODUCTION DE CHARBONS BELGES POUR NE PAS LAISSER NOS VOISINS TOMBER COMPLÈTEMENT DANS LA DÉPENDANCE DE L'ANGLETERRE.

« *Il est vraisemblable que le développement systématique de la production de la houille belge aura déjà dans cette guerre la plus grande importance pour le maintien de la neutralité de plusieurs Etats voisins.* »

Un État qui dépend d'un autre pour tout ou partie de son charbon est un État diminué et dont l'indépendance politique est hypothéquée : il doit nécessairement faire alliance avec l'un de ses fournisseurs. Ce charbon, s'il est, suivant la formule classique, « le pain de l'industrie », est aussi l'aliment essentiel des industries du fer et dès lors l'un des principaux facteurs de la défense nationale.

Le charbon constitua donc la richesse la plus sérieuse de l'Allemagne. Il fut l'âme de sa métallurgie, lui permettant, non seulement de com-

penser son désavantage pour le minerai, mais surtout d'abaisser le prix de revient de ses produits
et de les avancer utilement sur les marchés extérieurs. Il procura ce même bienfait aux autres
industries ; c'est grâce au charbon que l'Allemagne put pousser cette conquête économique
mondiale qui, en amenant chez elle l'or étranger,
lui permit de se développer démesurément. C'est
grâce à cette surproduction et au perfectionnement industriel qu'elle nécessita que l'empire
allemand put soutenir la plus longue et la plus
coûteuse des guerres, tenir le coup si longtemps
contre le monde coalisé ; c'est pour beaucoup par
vente de charbon aux neutres que l'Allemagne
bloquée prolongea son effort économique.

Une des leçons de cette guerre c'est, assurément, la puissance que le charbon confère aux
pays qui en sont pourvus.

Nul ne l'est plus que l'Allemagne ; elle détient
à elle seule plus de la moitié des réserves houillères
de l'Europe. Ses réserves totales, — connues,
probables, possibles, — ne s'élèvent pas à moins
de 423 milliards de tonnes, quand celles de l'Angleterre sont de 189, celles de la Russie de 60,
celles de la France de 17 ([1]). Elle a prodigieuse-

---

[1] *Comité des Forges de France.* Circulaire n° 587. Compte rendu
du Congrès de Toronto (1913). — Au Congrès de Carlsruhe de 1911,
le professeur Engler, directeur de l'Institut minéralogique de
Berlin, chiffrait à 416 milliards de tonnes les réserves houillères de
l'Allemagne, à 193 milliards celles de l'Angleterre, à 40 milliards
celles de la Russie, et à 780 milliards celles des États-Unis ; il
estimait que la réserve allemande suffisait pour 3.000 ans, celle de
l'Angleterre pour 700 ans, celle des États-Unis pour 1.700 ans.
(*Comité des Houillères de France.* Circulaire n° 4355).

ment usé de cette richesse. Sa production, de 1880 à 1913, est allée de 53 à 278 millions de tonnes, quand, dans le même laps, celle de l'Angleterre n'était passée que de 149 à 280 millions ; l'Allemagne avait donc presque rattrapé l'Angleterre, mais elle était sérieusement distancée par les États-Unis, les maîtres du monde pour le charbon comme pour le fer, et dont la production s'était avancée de 65 à 565 millions. Ne parlons pas de la France, qui était allée péniblement de 20 à 41 millions (1).

Sur ces 278 millions de tonnes où se montait, en 1913, la production allemande de combustibles minéraux, 191 étaient de houille et, sur ces 191 millions de tonnes de houille, 141 sortaient des mines de la Westphalie et de la Prusse rhénane. C'est là qu'est concentrée la richesse houillère de l'Allemagne, la Silésie produisant le surplus. Toute la houille de l'Allemagne était donc en la possession de la Prusse, et la presque totalité à l'est du Rhin.

Avec la découverte et la mise en valeur — pour beaucoup par l'argent étranger et français — du bassin rhénan-westphalien commença vraiment la fortune de l'Allemagne : ce bassin fournissait à lui seul 114 des 191 millions de tonnes de houille extraites du sol allemand et, en 1913, 28.665.000 tonnes des 32.168.000 où se chiffrait la production de coke de l'Empire.

La métallurgie allemande s'était donc établie,

(1) Ces chiffres sont pris des circulaires du *Comité des Forges de France*.

dans cette région westphalienne, sur le charbon.
On y comptait, en 1913, 115 des 316 hauts-fourneaux de toute l'Allemagne, 8 millions sur les
19 millions de tonnes de fonte et 10 millions sur
les 19 millions de tonnes d'acier que donnait la
métallurgie allemande.

Toutefois des circonstances diverses firent à la
longue reconnaître aux intéressés l'inconséquence
d'un tel établissement. Le haut-fourneau consomme deux fois plus de minerai que de charbon ;
assurément le charbon jouait dans la métallurgie
un rôle de plus en plus prépondérant, mais c'était
moins par sa quantité que par l'utilisation de ses
sous-produits : la métallurgie était sollicitée de se
poser sur celle de ses matières premières la plus
lourde et la plus employée et c'était le minerai. Or
ce minerai n'existait qu'à l'ouest du Rhin, en Lorraine : en 1916, la métallurgie allemande prenait
de là 29 des 32 millions de tonnes extraites du sol
allemand. Et l'on constatait une tendance presque
incoercible de cette métallurgie à quitter le charbon
westphalien pour s'installer sur le minerai lorrain,
à la frontière même. En 1913, la région Lorraine-
Sarre-Luxembourg possédait 85 hauts-fourneaux,
et la production de la fonte, de 1908 à 1913, y
passait de 4 millions et demi à 7 millions de tonnes.

Le gouvernement impérial vit avec inquiétude
un tel déplacement et fit tout pour l'entraver ; il
importait, tant au point de vue économique que
stratégique, que la métallurgie allemande restât
cantonnée en Westphalie, à l'abri des entreprises
de l'ennemi. Voyant celle de France se concentrer
à l'Est, sur la frontière, à portée de sa main, il

devinait trop le parti à tirer d'une telle aberration pour la laisser se produire chez lui.

Et puis, par le charbon westphalien, la métallurgie allemande dominait la métallurgie française et la tenait pour ainsi dire à sa merci.

La France produisait 3.667.000 tonnes de coke métallurgique et à ce chiffre le bassin du Nord et du Pas-de-Calais participait pour 2.400.000, dont, en 1913, 1.400.000 seulement allaient à la métallurgie de l'Est, qui en consommait 4.400.000. Celle-ci devait acheter le surplus à l'étranger et la seule Westphalie lui en fournissait 2.355.000 tonnes en échange du minerai de fer, qu'elle lui demandait par réciprocité.

La métallurgie allemande se trouvait donc, en fait, maîtresse du prix de revient des fontes et aciers français, et elle pouvait d'autant mieux le régler à sa convenance qu'une hausse de 5 francs sur le coke en détermine une de 6 sur la fonte, de 15 à 21 sur l'acier, et se répercutait en s'amplifiant sur les charbons français. Ainsi, en 1905, le prix du charbon à la mine était à égalité à 15 francs à Sarrebrück, en Westphalie, dans le Nord français; en 1912, il était toujours à 15 francs à Sarrebrück; en Westphalie il passait à 16 fr. 87; en France il s'élevait à 20 fr. 50 ([1]); et, précédemment, en 1889, une hausse d'un mark sur le coke westphalien en avait déterminé une de 2 francs en Belgique, de 6 francs en France ([2]).

La métallurgie allemande qui, de plus en plus,

([1]) La Réforme économique, 1913, tableaux des prix.
([2]) GEORGES VILLAIN, Le fer, la houille et la métallurgie à la fin du XIXᵉ siècle (Paris, Colin, 1901).

dominait le syndicat houiller rhénan westphalien
pouvait de la sorte imposer ses conditions à la
métallurgie française.

La politique houillère de l'Allemagne présente
donc un intérêt tout particulier; son histoire se
ramène à celle du syndicat rhénan-westphalien.

C'est en réalité un effort incessant pour soutenir le prix du charbon et empêcher sa dépréciation, qui risquait de résulter de son extrême abondance. Jusqu'à la mise en valeur des mines de
Westphalie, cette détermination du prix appartenait à l'État qui, par ses charbonnages fiscaux
de la Sarre et de Silésie, était le principal exploitant
houiller. La découverte des immenses gisements
westphaliens, la liberté illimitée des recherches, la
spéculation qui s'y exerça multiplièrent l'extraction et jetèrent le produit sur le marché avec une
telle abondance qu'il s'ensuivit une baisse inquiétante des prix. Une réglementation de la production s'imposait : elle se fit par les exploitants eux-
mêmes qui, en formant un *cartell*, un syndicat de
vente, prirent, avec la haute main sur le marché,
une puissance qui ne fut pas sans inquiéter les
métallurgistes et l'État.

Ceux-là étaient préoccupés de l'abus que le
syndicat pouvait faire des exportations et de
l'avantage qu'en pourrait retirer toute l'industrie
française. Ils comprirent vite qu'il leur fallait
absorber le syndicat ; le minerai leur manquait,
leurs gisements de Lorraine diminuaient en quantité et en qualité, et ce charbon et même les
charbonnages pouvaient être, entre leurs mains,

un instrument d'échange pour le minerai et les mines françaises. Jusqu'à la guerre, cette histoire du syndicat rhénan-westphalien n'est qu'une lutte de prépondérance entre les métallurgistes et les simples exploitants houillers ; les métallurgistes dans les dernières années avaient pris l'avantage.

Le *tertius gaudens* devait être l'État.

L'État voyait avec méfiance le pouvoir grandissant du syndicat rhénan-westphalien. L'entente houillère aboutissait à un quasi monopole et son objectif, comme tout monopole, était de porter et de tenir les cours au taux le plus élevé, ce qui grevait à la fois le coût de la vie et le prix de revient de l'industrie. Et comme l'existence de l'industrie allemande et avec elle l'avenir de l'Allemagne étaient liés à la mise de ses produits sur les marchés extérieurs à des prix inférieurs à ceux de ces pays, le prix de revient devait nécessairement être le plus abaissé, d'autant que le *dumping*, cette prime à l'exportation, résultait surtout du bénéfice réalisé sur le marché intérieur. Si donc le prix du charbon, matière première essentielle et base principale du prix de revient, était trop élevé, cette hausse, en réduisant le bénéfice sur le marché intérieur, rendait très difficile la conquête économique mondiale.

Le syndicat avait trop de pouvoirs ; il était réellement un État dans l'État, et dans un État particulièrement jaloux de ses prérogatives, au premier rang desquelles il plaçait la réglementation et la fixation des prix d'un produit d'une telle importance politique et économique. Aussi prit-il occasion de la guerre pour mettre d'accord exploitants houillers et métallurgistes en se substituant d'autorité à eux et en s'attribuant, du droit du plus fort, le pouvoir de fixer, en leur lieu et place, le prix du charbon allemand.

C'est de ces luttes diverses que nous allons donner l'histoire, et comme la France se trouve pour le minerai de fer dans une situation analogue et même supérieure à celle de l'Allemagne pour le charbon, on en pourra prendre des enseignements et des indications d'avenir.

‍‍‍‍‍‍‍‍‍‍‍‍‍‍‍‍‍‍‍‍‍‍‍‍‍‍‍‍‍‍‍‍‍‍

II

LES ORIGINES DE LA FORTUNE HOUILLÈRE DE L'ALLEMAGNE

Les premières exploitations : tutelle seigneuriale et production d'État. — Frédéric II jette les bases de la fortune houillère de la Prusse et met en valeur le bassin de Silésie ; le Code minier de 1780 confirme les droits et pouvoirs de l'État.

Le bassin de Westphalie, comme celui de la Sarre, organisé par l'administration française : attestation officielle du roi de Prusse — Avec les mines de Westphalie et de la Sarre, en 1815, la Prusse se voit à la tête du domaine houiller le plus important d'Europe.

Mise à fruit du bassin de Westphalie : la Prusse laisse aux capitaux étrangers la charge des premiers établissements. — La loi de 1865 émancipe l'exploitation minière et donne la mine à l'inventeur : la multiplication des recherches, excitée par la spéculation, morcèle l'exploitation. — Dérèglement du marché houiller : surproduction, nécessité d'un régulateur.

On commença à tirer de la houille du sol des Allemagnes au XVIe siècle, à en soupçonner l'importance seulement au XVIIIe.

Les mines étaient d'ordinaire aux princes qui, s'ils ne les exploitaient directement, en cédaient l'exploitation moyennant redevances. Entre autres privilèges, le prince avait celui de disposer des produits de la mine ; il en donnait des parts aux

couvents ou aux villes à titre de fief ou pour
battre monnaie, il concédait des franchises aux
ouvriers expérimentés ou à leurs corporations
pour les retenir dans les régions minières. De là
un double caractère de possession concurrem-
ment régalienne et collective ou corporative, qui
ne fit que s'affirmer dans le droit coutumier.

Ces premières exploitations furent naturellement
rudimentaires et superficielles ; on extrayait le
charbon du sol un peu comme on prenait de l'eau
aux puits. Les difficultés survinrent, puis s'ac-
crurent ; il fallut aller de plus en plus en profondeur, lutter contre les eaux, d'où une technique
délicate et le besoin d'un outillage coûteux dont
ces associations n'osaient faire les frais. Pour ne
pas laisser périr la mine, le concédant dut reprendre la conduite et les charges de l'exploitation.

Cette tutelle seigneuriale se resserra surtout
dans les pays prussiens et nassoviens ; elle se manifesta sous la forme de concession de l'exploitation à des actionnaires au premier rang desquels
était le prince. Dans de telles sociétés, prince ou
État gardent rarement la place d'un simple associé et se montrent envahissants : aussi la tendance
ne fit que s'accentuer de l'exploitation par le
prince, par l'État, comme aussi de la limitation
de la production que l'abondance du produit
imposait. Dans l'ordonnance de 1662 du duché de
Clèves-Mark, souche du droit minier prussien, on
relève déjà cette prescription curieuse qui définit
la politique houillère d'autres pays que l'Allemagne : « Il est interdit d'ouvrir aucune houillère

nouvelle tant qu'une disette de charbon ne se fera pas sentir (¹). »

Frédéric le Grand jeta, d'une main sûre, les bases de la fortune houillère de la Prusse. Il avait trouvé un pays pauvre en hommes et en argent. Il grossit l'effectif humain par des apports étrangers, important d'un peu partout des colons comme reproducteurs, ramassant les expulsés, garnissant ses provinces des persécutés du fait de religion, accueillant au besoin les expulseurs : en moins de cinquante ans, il planta ainsi trois cent mille sujets sur les terres prussiennes et en fit un peuple composite un peu comme on lève une légion mercenaire. Une vue géniale lui fit entrevoir que ses mines assureraient le dégagement et la fortune de la Prusse ; il devina l'importance qu'allait prendre le charbon et l'élément de puissance qu'il pourrait apporter à son pays. Il eut donc une politique minière très active, stimulant les recherches, remettant en exploitation les gisements abandonnés, suscitant des débouchés, forçant les préférences du public par le bon marché et les facilités de transport, introduisant, pour ainsi dire, d'autorité ce charbon dans les foyers, les fourneaux et les forges.

Il mit spécialement en valeur la Silésie. De 1769 à 1777, trente-deux concessions y furent

(¹) Sur ces points divers, voir HENRY-GRÉARD, L'Exploitation des mines par l'État dans le royaume de Prusse (Paris, Rousseau, 1912). — SCHMIDT, Le Grand-duché de Berg (Paris, Alcan, 1905). — AGUILLON, Législation des mines françaises et étrangères (Paris, Baudry, 1886). — DE HEINITZ, Mémoire sur les produits du règne minéral de la monarchie prussienne et sur les moyens de cultiver cette branche de l'économie politique (annexe de La monarchie prussienne sous Frédéric le Grand, par le comte DE MIRABEAU, 1788).

instituées et grandement encouragées par des dégrèvements d'impôts et des privilèges particuliers. Des primes furent accordées aux boulangers, briquetiers, teinturiers, pour qu'ils transforment leurs fours et y brûlent de la houille, l'État prenant à sa charge son transport jusqu'à Berlin. Et ce même État, faisant l'apôtre et prêchant d'exemple, pour consommer cette houille créait des hauts fourneaux à Kreuzburgerhutte, une fabrique de bleu de Prusse à Querbach, un comptoir de vente à Breslau et exploitait directement la mine de Zabreze. Politique mercantile assurément et qui valut à son auteur et à son pays les brocards et les ironies des politiques hautains, mais qui n'en fit pas moins la fortune de la Prusse.

Frédéric II y institua le droit minier. Le code minier de 1780 confirma et concentra les vues du souverain et fit de cette exploitation presque une industrie d'État. La gestion des mines appartenait en fait à l'administration qui dirigeait les travaux, fixait discrétionnairement la production et même les prix de vente. On recruta des ingénieurs de choix ; la technique fut très poussée ; à la fin du xviiie siècle, on employait dans les mines prussiennes la machine à vapeur et le « roulage ». La Prusse était à la tête des progrès miniers et prenait une avance qui l'approchait de l'Angleterre.

Cette exploitation rationnelle et en grand n'existait toutefois qu'en Silésie. Dans les autres provinces, les mines, laissées aux initiatives princières ou privées, étaient à l'abandon et un peu

considérées comme des annexes de l'exploitation
agricole, leurs détenteurs n'y cherchant qu'un
revenu foncier régulier et les exploitant aux
moindres frais et sans soupçon de leur valeur (¹).

Nous avons déjà exposé dans un précédent ou-
vrage (²), quel était, sous la Révolution, l'état des
riches houillères de la Sarre. Celles de Westphalie
n'étaient guère mieux régies et, à part quelques
houillères favorisées comme Essen, les autres, sur
chaque rive du Rhin, se trouvaient en pitoyable
état quand la France prit le gouvernement de ces
pays.

Héron de Villefosse eut l'inspection de ces
mines d'Allemagne. En 1803, il avait sauvé celles
du Harz ; en 1807, il fut chargé d'organiser celles
de Westphalie. Il reconnut vite le grand parti à
tirer de cette richesse minérale et voulut que
l'administration française procurât à ces mines
le même bienfait que la méthode prussienne à
celles de Silésie. Il prépara donc un projet, dans
le goût de la constitution par actions des mines
d'Essen, qui avait fait sur son esprit une forte
impression (³). Tout en maintenant le principe

(¹) Les mines avaient alors et eurent longtemps et ont parfois
encore ce caractère de simple revenu foncier. Ainsi les ducs d'Arenberg étaient souverains du comté de Recklinghausen dans le nord
du bassin de la Ruhr. L'exploitation de cette houillère commença
en 1866, elle compte parmi les plus importantes d'Allemagne. Les
exploitants doivent de ce chef à la famille d'Arenberg une redevance annuelle qui, de 379 marks au début de l'exploitation, se
montait, en 1911, à 1.492.983 marks (*Houillères de France*, nº 4649).

(²) FERNAND ENGERAND, *L'Allemagne et le fer : les frontières
lorraines et la force allemande*. Perrin, 1916. — Voir également,
LOUIS ENGERAND, *L'Opinion publique dans les provinces rhénanes et
en Belgique*(Bossard, 1919), l'annexe, *Les houillères fiscales du bassin
de la Sarre*.

(³) L'administration française fut très bien supportée dans ces

du droit régalien, il rejetait l'exploitation par
l'État, ne lui donnant qu'un *droit de surveillance*
et une participation du dixième du produit de la
mine. Ce projet n'aboutit pas, car il allait contre
les vues de Beugnot, qui administrait le duché
de Berg et qui, bien qu'avouant que « le souverain fabrique cher et vend bon marché », maintint
à ces mines une administration purement fiscale.

Cette administration française ne fut pas seulement conservatoire, elle marqua de réels progrès qu'il serait intéressant de rechercher et,
en 1814, le roi de Prusse remerciait Héron de
Villefosse des services qu'il avait rendus à ces
mines allemandes et lui envoyait, en témoignage
de gratitude, une bague, à son chiffre, ornée de
diamants précieux (¹).

A ses houillères de Silésie, la Prusse ajouta,
en 1815, celles de Westphalie, et de la Sarre et

régions de la rive droite du Rhin, et parfois les habitants lui demandaient appui contre leurs compatriotes. C'est ainsi que, le 21 octobre 1811, les entrepreneurs de mines d'Essen et Werden se plai-
gnaient à Rœderer de l'exagération des droits de navigation qu'ils
avaient à payer en comparaison de ceux qu'acquittaient leurs
confrères des mines de Mulheim. Cette réclamation débute ainsi :
« Rien ne détruit plus l'esprit d'une nation envers son gouvernement que lorsque les sujets voient qu'il en existe qui sont favorisés
et qu'ils sont sacrifiés pour les autres. C'est là le triste sort des
entrepreneurs de mines d'Essen et de Werden depuis la prise de
possession par Sa Majesté le roi de Prusse... » (*Archives Nationales*,
AF, IV, 1860). Et au bas de ce document il n'est pas impossible
de trouver la signature : Krupp.

(¹) On lit ainsi dans le *Moniteur* du 18 juillet 1814 (p. 797) :
« Sa Majesté le roi de Prusse, *connaissant les services distingués*
que M. Héron de Villefosse, inspecteur des mines de France, a rendus aux célèbres mines d'Allemagne, en assurant leur conservation
au milieu des circonstances difficiles de la guerre, vient de lui en
témoigner sa haute satisfaction par le prince de Hardenberg, chancelier de Prusse. La lettre où S. A. a consigné ce témoignage honorable pour le caractère français était accompagnée d'une bague
ornée du chiffre de S. M. le roi de Prusse et de diamants précieux. »

eut soin d'établir ses limites du côté de la Belgique
de façon à ramasser les points miniers épars dans
ces régions (¹). C'est l'Angleterre qui avait attiré
la Prusse sur la rive gauche du Rhin pour détourner contre l'intruse l'hostilité de la France.
Le point de vue personnel est souvent un très
mauvais conseiller et la vue la plus étroite celle
qui se limite à soi. L'Angleterre, de ses mains
inconscientes, octroyait ainsi à la Prusse le domaine houiller le plus important de l'Europe et
allait se donner à elle-même la plus redoutable
concurrente.

La Prusse, État besogneux, se vit alors dans la
position des gens qui ont des biens nombreux et
pas d'argent pour les faire valoir : il lui fallait
des prêteurs.

Au milieu du XIXe siècle, les chemins de fer
donnèrent de l'élan à l'industrie houillère. De
1850 à 1860, la Westphalie fut l'objet de recherches hardies. Ses gisements allaient en profondeur du sud au nord, ils étaient parfois en-
veloppés par l'argile et leur exploitation exigeait
de grands capitaux. La spéculation intérieure et
surtout étrangère eut une libre et vaste carrière,
et l'on vit en trois ans, de 1854 à 1857, le nombre
des mines augmenter de près de cent et l'extraction presque tripler (²).

_____

(¹) Sur ce souci de la Prusse de mettre dans sa frontière de Belgique les mines et les gîtes minéraux d'avenir, on lira avec fruit
Histoire belge de la Prusse rhénane, par M. PIERRE NOTHOMB,
dans *Le Correspondant* du 10 novembre 1915.

(²) Exactement 205 à 298 mines, et 1.804.000 à 4.600.000 tonnes.
— Comme références générales, pour cette partie, nous donnerons,
avec les circulaires du *Comité des houillères de France*, l'*Aperçu
historique sur les syndicats de vente des combustibles dans le bassin*

Nombre de ces mines, et de très importantes, passèrent entre les mains d'étrangers. En 1847, une société franco-belge acquérait la mine de Dahlbush et des capitaux français fondaient à Ruhrort le Phœnix, aujourd'hui la plus grande firme métallurgique d'Allemagne. En 1855, Charles de Tilleux, un Français, découvrait et mettait en exploitation les mines de Rhein-Elbe et Alma, qui sont présentement entre les meilleures de la Gelsenkirchen ; Westende, à cette dernière, était mise en œuvre par la Compagnie anglaise de Ruhrort-Mining. Le domaine actuel de l'Hibernia fût reconnu et mis en valeur par des Belges et des Anglais : Hibernia et Shamrock par l'industriel anglais Mulvany, Alstaden par la société belge des mines de Mulheim, dont le président était le recteur de l'Université de Liége, Trasenter. Peu après, Phœnix fusionnait avec la société française Charles de Tilleux ; sa mine Holland était installée par des Hollandais et ses autres, Nordstern, Ruhr unter' Rhein, par les sociétés françaises des charbonnages du Nord et des charbonnages du Rhin. Langenbrahm et Altendorf, aux Essener Steinkohlenbergwerke, doivent leur existence à des Hollandais, et Bochum lui-même à la société civile des charbonnages de Herne-Bochum dont le siège social était à Paris (1).

---

rhénan-westphalien, par E. GRUNER et E. FUSTER (Paris, Comité des houillères, 1898), et Le Syndicat des houillères d'Essen et l'organisation de la production, par ED. FUSTER (Paris, Société d'encouragement pour l'industrie nationale, 1910).

(1) ED. FUSTER, livre cité, p. 9.

La production monta considérablement, et les prix de vente et les dividendes avec ; les titres quadruplèrent et même décuplèrent. Cette spéculation troubla le marché. Les gens sensés virent le danger : en 1858, le grand armateur et exploitant minier Hariel fondait le Comité des houillères de Westphalie. Il ne put conjurer la crise ; elle se produisit en 1863 et fut sérieuse : le quintal de houille de 47 pfennigs tomba à 22.

Partout ailleurs une telle baisse eût amené une restriction de production. Il n'en fut rien et ces exploitants westphaliens, au contraire, s'efforcèrent de prévenir les conséquences de cette accélération trop rapide de production par une exploitation plus en grand et une production par masses : l'industrie en perte tenait le coup et doublait la mise. On a de ces audaces avec l'argent des autres. Les cartes tournèrent bien : le développement des chemins de fer et de la métallurgie augmentait les besoins de houille, la demande s'éleva, la surproduction fut érigée en principe : de 4 millions de tonnes en 1858, de 8 en 1864, la production houillère passait à 12 en 1870.

La loi du 24 juin 1865 sur les mines permettait et encourageait de tels excès.

Jusque-là la législation minière prussienne avait été très restrictive de la liberté d'exploitation, le droit régalien s'y affirmait énergiquement et l'administration revendiquait le contrôle, voire la conduite des exploitations : l'État avait la haute main, bridait les initiatives privées préjugées incompétentes et sans moyens suffisants, et il faut bien reconnaître que c'est à cette intervention de l'État que la Prusse dut l'avancement de sa technique et de son exploitation minières.

Au contraire, la loi de 1865 établissait la liberté d'exploitation la plus absolue. Elle retirait au propriétaire du sol la libre disposition des substances minérales pour la donner, non à l'État, mais à l'inventeur : c'est l'invention qui crée le droit de l'exploitant et constitue un bien immobilier distinct juridiquement du droit foncier sous lequel se trouve la mine. Et, par une hardiesse bienfaisante et qui venait à point, la recherche était absolument libre partout, pour tous, propriétaire ou non (¹).

C'était, on le voit, l'émancipation administrative la plus complète, et la chose, en Prusse, peut surprendre. L'explication en doit être assurément dans les nombreuses entreprises étrangères dont ce sous-sol avait été l'objet. La Prusse recourait à l'argent des autres pour mettre en valeur ses richesses minérales et, loin de les éloigner, elle appelait plutôt ces initiatives ; elle laissait ainsi aux capitaux étrangers la charge de la mise en exploitation, s'apprêtant à reprendre la main quand les premiers résultats seraient acquis.

Sa victoire de 1870 ouvrit à l'Allemagne un grand avenir industriel, elle en avait les éléments

---

(¹) « Quelles que soient les conditions géologiques ou économiques du gisement, l'inventeur, c'est-à-dire le premier qui l'a signalé dans un délai d'une semaine à partir de la date de sa découverte en faisant une demande régulière en concession, ou à défaut le premier demandeur régulier par ordre de date, a un droit à l'obtention de la propriété minière. » (L. AGUILLON, livre cité).

essentiels, le fer et le charbon, mais il fallait le moyen : il vint.

L'argent se porta sur les entreprises minières et métallurgiques, les seules pour ainsi dire qui avaient bénéficié des cinq milliards de la rançon. Dans le marasme général des affaires, les bénéfices et les dividendes des houillères montaient ; c'était une indication pour l'argent, en quête d'une direction ; il se porta en torrent sur les charbonnages et l'on vit une des plus 'grandes folies de spéculation. On ne parlait dans la rue, en chemin de fer, que de mines ouvertes ou à ouvrir. « Avez-vous des Kobold, des Lippe ? » était le propos par lequel les gens s'abordaient. Et personne n'échappait à l'influence : de petits fonctionnaires, des instituteurs quittaient leur place pour spéculer ; on achetait n'importe quoi qu'on revendait dans la huitaine avec profit.

La demande de charbon, d'ailleurs, se multipliait et en haussait le prix : de 5 marks en 1860, il passait à 13 en 1873. Cette hausse détermina une élévation prodigieuse des dividendes : pour la Harpener, elle fut, en 1872-1873, de 60 0/0. Une montée pareille n'est pas indéfinie, et l'arrêt risquait d'entraîner un recul à allure de catastrophe. Mais la matière était si riche que l'éventualité ne se produisit pas : les mines ainsi exaltées répondaient aux espérances qu'on avait mises sur elles. La spéculation servait à la fois les capitaux confiants et les entreprises, objet de cette confiance ; elle fit vraiment la fortune de l'Allemagne en amenant de toutes parts à ces

charbonnages, qui devaient être l'âme de sa
puissance économique, les masses d'argent
qui en pouvaient permettre l'exploitation en
grand, et que les Allemands n'avaient toujours
pas.

Mais le propre de la spéculation comme de
toute passion est d'être ingouvernable ; on peut
la déchaîner, non l'arrêter. Les capitaux qui
s'étaient jetés dans ces entreprises le firent sans
méthode ni mesure. Ceux qui étaient allés dans
les grandes affaires, en avaient, en les développant
démesurément, rendu l'accès impossible. Leur
chance excita. L'argent, qui voulait se placer, ne
t.ouvant pas cette issue, s'en fit d'autres : à défaut d'affaires disponibles, il en créa. Les recherches de mines se multiplièrent à la faveur de
la loi de 1865 : d'où de multiples découvertes, de
multiples entreprises, de multiples ouvertures de
mines. Quand elles furent en travail, il y eut
surproduction, un marché troublé et une situation délicate.

La liberté absolue de recherche et d'exploitation morcela exagérément la propriété minière :
trop de mines et surtout trop de petites mines.
En 1880, le seul bassin westphalien ne comptait
pas moins de 200 houillères, chacune avec son
service commercial. Aux époques de hausse, elles
développaient leur extraction pour augmenter
leurs bénéfices, et à celles de baisse elles conservaient cette même tendance pour répartir sur une
plus grande production leurs dépenses et frais
gé.éraux et réduire par là leur prix de revient.
Ell s jetaient ainsi sur le marché des quantités de

plus en plus grandes de houilles et à des prix de plus en plus abaissés : les petites mines surtout aggravaient la situation, attirant les forts clients par leurs bas prix et, si elles venaient à être abandonnées par eux, écoulant à tout prix le tonnage demeuré pour compte.

Cette disproportion excessive entre la production et la consommation déprécia la marchandise : de 16 marks, en 1873, les prix tombèrent à 4 en 1879, et la valeur de la production totale de 186 millions à 84. Sur 186 sociétés, 132 exploitaient à perte et le cours des titres subit une chute pareille. « La surproduction, témoigne un Allemand, pesait comme une malédiction sur l'industrie houillère rhénane-westphalienne et bien souvent le gisement de charbon en Westphalie était regardé comme un présent n'apportant que du malheur ([1]). »

On déplorait amèrement la liberté donnée : « Notre industrie houillère, déclarait un exploitant, n'a rémunéré convenablement le capital investi qu'aussi longtemps que la production a été sévèrement réglée par l'État. »

Les intérêts particuliers subissent malaisément et sont le plus souvent incapables de s'imposer spontanément une discipline nationale; il faut une contrainte. La concurrence effrénée aboutissait à l'avilissement des prix et à la ruine des producteurs.

Une réglementation et même une limitation de

___

([1]) *La question des mines-usines dans le bassin de la Ruhr*, par le Bergassessor PILZ (*Revue noire*, octobre 1910-février 1911).

la production s'imposaient pour conjurer une catastrophe. Ce régulateur du marché houiller, à défaut de l'État, l'industrie houillère le chercha dans l'entente des intéressés, réunis par le péril commun.

III

LES PREMIÈRES ENTENTES HOUILLÈRES

L'exportation envisagée comme remède à la surproduction ; le danger apparaît ; c'est faire le jeu de la France. — Changement de tactique : la régularisation cherchée dans une limitation générale de l'extraction. — Premier essai : limitation de production et liberté de vente. Echec absolu. — La nécessité de la vente en commun apparaît : réalisée par le syndicat des cokes elle réussit. Kirdorf la fait accepter aux exploitants houillers constitution du syndicat rhénan-westphalien.

L'EXPORTATION apparaissait comme le déga-gement cherché : de ce côté, la production trouvait de sérieux débouchés. L'Allemagne était entourée de voisins, pauvres en houille et inépui-sablement acheteurs, et spécialement la France. L'Angleterre, sans doute, assurait cette fourni-ture, mais là comme ailleurs la place lui pouvait être disputée. C'était un peu par le charbon que l'Angleterre avait affirmé son autorité sur les autres et l'Allemagne entendait, par le même moyen, la refouler partout, à commencer de chez elle, car, fait singulier, cette Prusse, si riche en charbon, était tributaire pour une partie de l'Angleterre : la flotte allemande, fait incroyable, s'approvisionnait de charbon anglais !

Les houillères s'orientèrent donc dans ce sens. Il se forma, en 1877, une « association westphalienne pour l'exportation des charbons » groupant seulement vingt mines ; elle dura jusqu'en 1894 et ne donna pas de grands résultats, — peut-être à cause de la délicatesse et des dangers de ce commerce.

Le charbon, a-t-on dit et redit, est « le pain de l'industrie », de la métallurgie surtout ; il donne à qui le détient le plus sérieux des avantages : c'est, en effet, la base essentielle du prix de revient. L'industrie allemande, ainsi favorisée, pouvait produire à bon marché et prendre à l'étranger les positions que lui imposaient et le développement de sa population et l'insuffisance de ses ressources alimentaires. Il lui fallait, à tout prix, garder ce privilège et l'exportation de ses houilles eût pu le compromettre.

L'un de ses principaux acheteurs était nécessairement la France, pauvre en charbon, et qui semblait vouloir le rester. De ce fait, comme de celui de la politique particulariste de ses houillères, le charbon étranger *rendu en France* faisait les cours des charbons français. Les houillères françaises profitaient de cette situation, qui facilitait singulièrement leur exploitation et servait leur intérêt au détriment de l'intérêt public, et elles entendaient bien la garder intacte. Le prix du charbon français était donc nécessairement beaucoup plus élevé que dans les pays exportateurs, d'au moins le coût du transport et du taux d'un droit de douane insensé. Et l'industrie française, ayant son charbon cher, était condamnée à une production chère, qui l'éloignait des · marchés étrangers. L'Allemagne avait intérêt à ne pas modifier une telle situation qui lui laissait les voies libres et lui permettait de dominer surtout la métallurgie française, qu'elle voyait se concentrer sur le minerai lorrain et qui se mettait, par là même, dans sa dépendance pour le charbon. Il fallait donc à tout prix maintenir le charbon cher en France, et une exportation déréglée pouvait compromettre un tel résultat.

Aussi bien, l'exportation n'est-elle intéressante qu'autant qu'on vend à l'étranger du travail national et dans la proportion où ce travail se trouve incorporé au produit exporté. La vente du produit fini est par-dessus tout désirable et digne d'encouragement, celle d'une matière première est plus que discutable, puisqu'elle donne à l'étranger les moyens d'une concurrence. La liberté complète d'un tel commerce serait imprudente, car l'intérêt particulier peut faire perdre facilement de vue l'intérêt national. Un contrôle strict de l'État est là plus que justifié : un pays, tributaire d'un autre pour une matière première essentielle comme le charbon, a son indépendance politique hypothéquée d'autant, et les intérêts privés n'ont pas le droit de compromettre inconsciemment un tel avantage. L'Allemagne le comprit. L'État, ne pouvant prendre la main, s'en remit à l'industrie intéressée, mais les choses n'allèrent pas toutes seules.

Les difficultés de régularisation d'un marché aussi encombré venaient de l'intérieur. On avait ouvert trop de mines, la production était excessive, et l'offre exagérée amenait une dépréciation du produit. Il fallait donc ou développer les débouchés, ou restreindre la production.

Développer les débouchés supposait le développement préalable des industries consommatrices, et cette échéance n'était pas immédiate. La vente à l'étranger était, sinon interdite, au moins licite seulement dans une mesure ne permettant guère de constituer des stocks importants. Force était donc de recourir à une limitation concertée et générale. Le fisc prussien y avait réussi pour ses houillères de la Sarre ; il fixait d'avance le chiffre du tonnage annuel ; mais l'expérience était relativement facile et le budget toujours là pour en assumer les risques. Il en allait différemment avec deux cents entreprises particulières. Dans tout autre pays que la Prusse, une telle concentration eût été impraticable, mais le Prussien avait la préparation historique et atavique voulue, — la Prusse fut-elle autre chose qu'une concentration sociale et politique d'éléments hétérogènes et souvent concurrents (¹) ?

Les premières ententes houillères sont de 1880. On s'orienta dans le sens d'une réduction de l'extraction, chaque exploitant gardant la liberté de

---

(¹) « Tandis qu'en Autriche tout travaille à former une monarchie cosmopolite, un gouvernement dont la diplomatie est le principal ressort, qui vit par réactions et se meut par contre-coups du dehors sur le dedans, en Prusse toutes les forces sociales et politiques tendent à *concentrer une nation* compacte dans un État très cohérent qui, loin de recevoir des impulsions de l'extérieur, en imprime au contraire partout autour de soi. (ALBERT SOREL, *L'Europe et la Révolution française*, I, 464.)

la vente de sa production, mais s'engageant à
extraire 5 0/0 de moins que la précédente année.

Pour être efficace, une telle résolution devait
être générale, car autrement les dissidents, encou-
ragés par le renforcement de leur bénéfice à renforcer leur production, auraient continué à déré-
gler le marché. Il fallait grouper au moins 90 0/0
de la production totale. Un tel quorum fut difficile
à obtenir, il y eut des hésitants. Pour les décider,
on consentit des dérogations aux mines récentes
et aux petites, ainsi qu'aux mines appartenant à
des établissements métallurgiques : ces dernières
conservaient la liberté absolue du tonnage é-
cessaire à leur consommation propre, les autres
bénéficiaient d'un relèvement d'extraction de
20 0/0. Ces dérogations étaient une inconséquence
et un germe de ruine, mais le groupement se fit
tout de même.

En 1881, 141 mines, groupant 95 0/0 de la production totale du bassin westphalien, s'entendirent
donc et prirent l'engagement d'honneur de réduire
de 5 0/0 leur production. Dès le premier tri-
mestre, du fait des dérogations, on arrivait à une
augmentation de 7 millions de tonnes. Ceux qui
avaient été exclus de ces dérogations comprirent
qu'ils avaient fait un marché de dupes. Plusieurs
prirent la porte de sortie : en 1883, le groupement n'était plus que de 85 0/0 et l'année suivante
de 84 0/0 ; en 1886, on arrivait à 2 0/0 d'augmentation de production ; en 1887, il n'y avait plus
personne. L'échec était complet et la preuve faite
que toute limitation de production était irréali-
sable tant qu'on laisserait la liberté de la vente.

Le Comité des houillères de Westphalie signa le revers et proposa de reprendre l'affaire sur des bases différentes, par la constitution d'un syndicat en vue de la vente en commun de la totalité de la production et sous la forme d'une société commerciale qui achèterait chaque année toute la production des mines, la revendrait et partagerait les bénéfices entre les mines associées. La proposition fit faire un haut-le-corps ; on n'était pas encore mûr pour une telle renonciation; il fallait laisser aux esprits le temps de s'habituer à cette idée. Le Comité des houillères repoussa donc tout net cette solution que lui présentait son président Kirdorf.

L'idée fut reprise et réalisée d'un autre côté. Les exploitants de mines de houilles à gaz et de cokes de la région de Dortmund avaient voulu défendre à part leurs intérêts. Ils s'étaient groupés isolément. La même erreur de tactique amena au même moment la même déception : ceux-là aussi avaient cru pouvoir réduire bénévolement la production sans toucher à la liberté de la vente ; les usines dissidentes avaient profité de la situation et raflé les bénéfices ; en 1886, l'entente se rompit. Le besoin d'une liaison plus étroite d'intérêts fut très ressenti et, en 1887, ces industriels du bassin rhénan-westphalien, reprenant l'idée du Comité des houillères, mettaient debout un syndicat des cokes pour régulariser la production, non plus par des restrictions volontaires, mais par le développement des débouchés et par la vente en commun. L'affaire réussit, et son succès fut le meilleur argument.

Il se forma sur ce modèle une série de syndicats
régionaux, comme aussi de syndicats de vente
pour des catégories spéciales, houilles maigres,
briquettes, etc. L'idée de vente collective se
diffusa ; les exploitants houillers, devant ces résultats, s'y habituèrent. Le marché continuait
d'être irrégulier, plein d'à-coups et de soubre-
sauts, à la merci de la plus ou moins grande
rigueur de l'hiver. On songea à fédérer ces tentatives isolées ; une crise assez vive, en 1891, facilita
la concentration.

Dans le seul district de Dortmund, la production de 37.402.000 tonnes représentait, en cette
année 1891, une valeur de 312.774.000 marks ;
en 1893, cette même production, montée à
38.613.000 tonnes, ne représentait plus que
247.554.000 marks ; le prix de la tonne baissa de
deux points ([1]).

Les instigateurs du mouvement de concentration crurent les temps venus. En 1892, Kirdorf
reprenait sa proposition d'un syndicat général de
vente, sous forme d'une société par actions, indépendante des établissements miniers, qui achèterait
la totalité de la production pour la revendre au
mieux des intérêts de tous. L'accord se fit sur ce
principe, mais il se défit quand Kirdorf posa
comme base fondamentale de l'entente la répartition de la production convenue entre les associés par la fixation à chacun d'un *quantum* d'extraction. Personne ne voulut se mettre ce col-
lier. Kirdorf, avec une foi dans son idée et une

([1]) Fuster, livre cité, p. 53.

ténacité dans son exécution vraiment admirables, ne se tint pas pour battu. L'art de gouverner n'est-il pas de faire faire aux hommes, sans qu'ils s'en aperçoivent, le contraire de ce qu'ils voulaient ?

Les adhérents étaient venus au syndicat avec l'arrière-pensée de pouvoir, sinon rompre à leur profit les engagements qu'ils prendraient envers la collectivité, au moins fortifier leur situation personnelle et se ménager les moyens d'un développement ultérieur. Ils demandaient à cet effet que le chiffre des participations pût être augmenté et que les puits qui seraient créés pussent entrer dans le compte de la production totale, se réservant à part eux de les armer pour une production intensive. Faire droit à cette revendication, c'était se mettre dans un cercle vicieux, mais, comme ces adhésions étaient indispensables, on céda.

Au début de 1893, on put grouper 92 0/0 de la production du bassin rhénan-westphalien. Le 16 février, à midi, le syndicat de vente — le cartell houiller — était constitué pour une durée de cinq ans et son siège établi à Essen.

IV

LE CARTELL HOUILLER
OU LA DICTATURE DES PRODUCTEURS

La régularisation du mark, la production houillère demandée au
cartell : le cartell, monopole de fait. — La vente en commun,
opération fondamentale : son mécanisme. — Deux organes : le
Zechenverband, le Kohlen-syndicat. — Jeu du cartell : l'organe
de vente, fixant le chiffre de la production, et l'organe de production la répartissant entre ses adhérents. Conjuration contre
le consommateur.

AVANT d'introduire le lecteur dans les détours
et les méandres du cartell houiller, il n'est pas
superflu de réclamer toute son attention. Rien de
ce qui est allemand n'est simple ; une idée, qui
entre nette et droite dans leur cerveau, en ressort souvent en tire-bouchon ; ils se sont sur-
passés dans la conception et l'établissement de ce
cartell. On ne peut trouver rien de plus obscur
ni de plus compliqué. Nous nous sommes efforcé
de filtrer cette matière un peu trouble, d'essayer
de comprendre d'abord pour présenter ensuite le
plus clairement.

L'objet envisagé méritait cette application. Le

cartell, et notamment celui des houilles, constitua une vraie révolution économique ; il a contrebattu victorieusement les doctrines augustes des économistes et mis à mal la loi sacro-sainte de la libre concurrence ; jugulant le consommateur il a assuré au producteur la maîtrise presque absolue des prix, et notablement majoré le coût des choses nécessaires à la vie. Il a fait pourtant la fortune de l'Allemagne, lui permettant, par la tenue élevée de ces prix sur le marché intérieur, de pratiquer le *dumping*, les prix faibles sur les marchés étrangers. Il n'est pas de sujet plus digne de retenir la pensée publique.

Son principe est défendable. L'abondance d'une chose, loin d'être une richesse, peut être, dans certains cas, pour le producteur une cause de ruine. La concurrence effrénée, s'exerçant jusqu'à l'extrême réduction du bénéfice, discrédite le produit et compromet la production, qui s'exerce en vue d'un bénéfice décent. Elle risque ainsi d'amener un désordre social grave. Aussi, cette concurrence ne trouvant pas de frein en elle-même, il faut lui en trouver un extérieur : ce fut, en Allemagne, le cartell.

On n'a pas osé prononcer le mot français, qui donne la traduction exacte du cartell ; ce mot est : monopole.

Il y a monopole, au sens économique, lorsque la plus grande partie de la demande ne peut recevoir satisfaction que d'un vendeur ou d'un groupe de vendeurs. Or le cartell, d'après la meilleure définition qu'on en ait [1], est « une

---

[1] ROBERT LIEFMANN, *Cartells et trusts. Évolution de l'organisation économique*, Paris, Giard, 1914.

libre convention entre exploitants d'une même
industrie qui, tout en conservant leur indépendance, se proposent d'exercer sur le marché un
pouvoir de monopole. » C'est, si l'on veut encore,
une assurance collective contre le danger d'une
concurrence déréglée, une entente pour empêcher
la chute des prix et les tenir à un taux procurant
une marge de bénéfices qui permette à l'entreprise de prospérer. La condition fondamentale du
cartell, c'est de grouper la presque totalité des
producteurs, de façon à empêcher des dissidents
de profiter et d'abuser de la situation. Mais, de
même qu'il faut des hérétiques, il n'est pas mauvais qu'il y ait de ces dissidents, en nombre toutefois assez réduit pour que leur action, sans être
gênante, sauve les apparences et empêche l'opinion prévenue de reconnaître le monopole de fait.

L'opération fondamentale du cartell est la
vente en commun, et ainsi il se place juridiquement sous le régime du contrat de vente. Cette
vente se peut faire de deux façons : soit par des
tractations individuelles d'après des prix résultant d'une entente commune ; soit par un organe
commercial commun.

La première était délicate et impraticable surtout en Allemagne, où le sens de l'honneur et le
respect de la parole donnée n'eurent jamais rien
d'excessif. On l'avait bien vu quand il s'était agi
de réduire la production de chaque mine en laissant
la liberté de la vente : tous s'étaient engagés
d'honneur à pratiquer cette diminution et fina-
lement on était arrivé à une forte augmentation !
Et puis le contrôle était impossible, et les exploi-

tants, n'ayant plus la liberté de leur profit commercial, n'avaient aucun intérêt à garder les
charges de la vente.

La vente par un organe commer ial commun
était la seule pratique, mais commen un tel organe
agirait-il ? au titre de mandataire o de vendeur ?

Dans ce dernier cas, il devait ac eter à la mine
sa production et la revendre aux sques et bénéfices de la collectivité. On vient o voir que c'est
cette combinaison, par elle-m/ ne compliquée,
qui, en 1893, avait été agréée p r les exploitants
de mines de houilles du bassi rhénan-westphalien. Or, comme toute autre ente, la vente en
commun exige deux partie⸱ et cette condition
est plus stricte en Allemagr que dans les autres
pays : l'obligation essen' .lle de transférer la
propriété de la chose vendue, à peine indiquée
dans le droit français, est lourdement imposée
par le Code allemand, dont l'article 433 stipule,
comme caractéristique du contrat de vente, l'obligation, non seulement de procurer la propriété,
mais de livrer la chose (1).

Il fallait donc, pour la régularité de cette vente
commune des houilles westphaliennes, deux parties, et conséquemment deux groupements dis-
tincts : un groupement de vendeurs, un groupement d'acheteurs-revendeurs.

Et voici le mécanisme adopté pour cette double
vente.

D'après une évaluation préalable de la consommation houillère, on fixe le chiffre que doit

_____

(1) PLANIOL, *Traité de droit civil* (Paris, Pichon, 1912), t. II,
p. 451.

atteindre annuellement la production globale ; à ce chiffre les mines associées participent suivant un quantum qui leur est assigné et établi sur le tonnage ordinaire de leur extraction. La stricte observation de cette répartition est assurée par l'obligation pour chaque mine de vendre toute sa production au syndicat de vente et de ne rien vendre en dehors de lui. Ce syndicat lui paie cette production à un prix convenu et la revend ensuite au mieux de ses intérêts, qui se confondent avec ceux de ses commettants. Ainsi la concurrence se trouvera matée par cette réglementation permettant de tenir l'offre au niveau de la demande, et les prix à un taux avantageux, laissant à l'exploitant un bénéfice large, susceptible de s'élargir plus encore.

Le cartell houiller comprend donc deux organes d'exécution : un groupement vendeur, l'Association des exploitants houillers (*Zechenbesitzerversammlung*, par abréviation *Zechenverband*) ; un groupement acheteur, puis revendeur, le syndicat des houilles de Westphalie et des provinces rhénanes (*Rheinischwestfalische Kohlen-syndikat*).

Le *Zechenverband*, le groupe vendeur, réunit les exploitants de mines dans la pensée avouée et affirmée « de supprimer une concurrence déraisonnable sur le marché des houilles et d'établir des conventions rationnelles entre les propriétaires de mines et associations de vente au sujet de la répartition normale de l'ensemble des ventes ainsi que des prix et conditions de livraison ».

C'est donc une société, non point civile ni commerciale, mais de défense professionnelle, et dont l'action s'exerce par les assemblées générales, par un comité consultatif (*beirath*), par une commission de fixation des chiffres de participation. Cette dernière opération et l'établissement du prix de vente sont la principale affaire de l'association, mais particulièrement délicate. Avec un réel sens pratique on a soustrait ces questions aux délibérations des assemblées générales, dont les attributions sont de pur protocole, aussi vaines et illusoires que celles de nos assemblées d'actionnaires français.

Tout le pouvoir, toute la décision appartiennent au *beirath*. Ce comité consultatif est composé de quelques membres, désignés par l'assemblée générale, mais comme tout propriétaire de mines ou groupe de mines d'un tonnage d'un million en fait partie de droit et a le droit de désigner un membre par chaque million de tonnes compris dans son chiffre de participation, il s'ensuit que la décision appartient en fait aux grosses mines, et c'est, par suite, une invitation pour les autres à augmenter le plus possible leur extraction afin d'arriver au million qui leur donnera un tel droit. C'est, en effet, ce *beirath* qui fixe le prix de base sur lequel seront payés les achats aux mines ; c'est lui qui établit en fait le chiffre des participations, puisqu'il statue en dernier ressort sur les réclamations qu'elles peuvent motiver ; c'est lui encore qui vote l'impôt, c'est-à-dire le taux de la contribution à prélever sur chaque associé pour frais généraux et de mévente ; c'est lui, enfin, qui applique les pénalités aux mines coupables de mauvaise ou inexacte livraison. Et à ces attributions déjà si considérables s'ajoute la présidence, qui lui revient, du comité de surveillance du syndicat acheteur lequel a charge de désigner la direction, l'âme même du cartell.

Le *Kohlen-syndikat*, le groupe acheteur et revendeur, a naturellement la charge de la vente en commun. Faisant acte de commerce, il doit nécessairement avoir une personnalité civile très nette et une autonomie financière ; il a donc la forme d'une société civile au capital de 900.000 marks, dont les actions sont réservées aux propriétaires des charbonnages adhérents à raison d'une action par 10.000 tonnes de participation. Comme on le voit, ces deux groupes, vendeur et acheteur, se composent des mêmes membres ; et ici, comme dans le *Zechenverband*, c'est encore la souveraineté des grosses mines. Ce syndicat n'a qu'une ressource, un prélèvement dit *umlage*, opéré sur les sommes payables chaque mois aux mines.

Son action s'exerce théoriquement par trois organes, en fait par un seul, la Direction, — les deux autres, l'Assemblée générale et le Comité de surveillance, n'ayant que des attributions de pure forme. La Direction fait les opérations d'achat et de revente, elle fixe le prix de vente, répartit les commandes, contrôle la production et les livraisons, mais elle n'a ni la fixation du prix de base, ni celle du chiffre des participations, qui appartiennent au *beirath* : c'est donc un agent de simple exécution, mais d'une indépendance absolue et garantie au point de vue stabilité et technicité.

Et voici maintenant le jeu du cartell.

Le *Kohlen-syndicat* — que nous appellerons, pour plus de commodité, le syndicat rhénan-westphalien — s'engage à acheter pour les revendre tous les produits des mines contractantes, et ces mines s'engagent réciproquement à ne vendre leur production qu'au syndicat, à l'exception de certains tonnages à usage nettement défini comme ceux destinés à l'alimentation des usines.

Le syndicat avise d'abord l'Association des exploitants houillers, le *Zechenverband*, du chiffre approximatif des besoins de charbon ; sur ces bases, celle-ci assigne à chaque mine le nombre de tonnes pour lequel elle doit participer au débit total et qui est le maximum de ce qu'elle est en mesure de livrer et qu'il lui est interdit de dépasser. Mais, le tonnage général totalisant les listes de participation, il se peut que le syndicat, ayant mal fait ses prévisions, ne puisse le prendre en son entier, car il ne serait pas en mesure de lui assurer une vente avantageuse ; il aura, dans ce cas, le regret de réduire d'une façon générale le chiffre des participations : sérieux ennui, assurément, pour les mines participantes, mais vrai moyen d'empêcher la dépréciation par la mise à vil prix sur le marché de stocks embarrassants. Le syndicat prendra en charge la production de la mine à un prix de base minimum convenu avec elle ; s'il vend à un prix supérieur, le surplus est acquis à cette mine ; s'il vend au-dessous, le déficit sera compté dans les frais généraux et supporté par la collectivité.

Ainsi les mines s'entendent non seulement pour ne pas se concurrencer, mais pour pouvoir, au besoin, concurrencer les mines dissidentes : c'est la captation de la maîtrise des prix, le producteur forçant à son profit le plateau de la balance commerciale.

L'originalité, mais aussi la complication de ce système tiennent à ce que le vendeur et l'acheteur sont en droit deux personnes distinctes, mais, en fait, n'en font qu'une seule : une seule personne en deux associations. Et le contrat de vente, base du cartell, est d'une nature très particulière, puisque l'une des parties y transfère une propriété à une collectivité où elle est également partie ; ce n'est donc pas la vente à un tiers, c'est la vente à soi-même et la revente à des tiers.

Cette revente est la grande affaire du syndicat et tout son effort tendra à en améliorer les conditions, à la rendre la plus avantageuse. A cette fin le syndicat rhénan-westphalien fut amené à des ententes consécutives et similaires avec les grands marchands de charbons. Il a suscité et il subventionne des comptoirs de charbons (*kohlenkontor*), dont l'objet est de monopoliser la vente en gros dans un rayon déterminé, de rechercher, de prévoir les besoins locaux et d'apporter au syndicat' des commandes bloquées d'après lesquelles celui-ci pourra évaluer la production et en répartir le chiffre.

Ce n'est pas tout. Les diverses branches d'un commerce sont solidaires et l'organisation, si elle est nécessaire à l'une, doit être étendue aux autres. L'extraction de la houille et son commerce en gros seuls réglementés, le commerce de détail, restant libre de hausser abusivement les prix, soulèverait le mécontentement public contre les organes régisseurs de la production, qui endosseraient la responsabilité, lui laissant peut-être le plus gros bénéfice. Il fallait donc organiser le commerce de détail. Les marchands de charbon, à l'instigation du syndicat, constituèrent des coopératives d'achat et entreprirent la lutte contre les agents de baisse des prix, les « marchands de saison » et même les consommateurs, pour les empêcher d'acheter directement et sans passer par les intermédiaires.

En fin de compte, c'est le consommateur qui fait les frais de cette savante organisation, qui n'est, du haut en bas, qu'une conjuration des producteurs, des négociants, des détaillants pour lui faire payer son charbon le plus cher possible.

Il ne lui reste, dans ces conditions, pour défenseur que l'État.

V

LE CARTELL HOUILLER
ET LA MÉTALLURGIE ALLEMANDE

Premiers pas et premières écoles du cartell : absorption des petite[s] mines. — Les mines de forges. — La métallurgie allemande, établie primitivement sur le charbon westphalien, se voit dans la nécessité d'acquérir des charbonnages. — Thyssen et la Deutscher Kaiser. — La lutte entre les exploitants houillers et les métallurgistes.

LA mise en train et la marche d'un tel organisme ne pouvaient se faire d'un coup. Il appartenait aux faits d'éprouver ses méthodes et de vérifier ses directions. Il devait fatalement faire des écoles... : les premières furent assez sévères.

Les fondateurs du syndicat rhénan-westphalien avaient, par principe, laissé de côté les très petites mines d'une production inférieure à 10.000 tonnes et, ce qui était plus grave, la plupart des mines dépendant d'usines métallurgiques ; en outre, un certain nombre de grosses houillères, soucieuses de leur indépendance, étaient restées à l'écart. Le syndicat ne groupait

que 92 0/0 de la production totale, ce qui était
juste suffisant pour la réglementation cherchée,
mais le moindre accroc, la moindre diminution
de ce coefficient risquaient de tout détraquer. La
machine était trop étroitement réglée.

La première difficulté vint des mines de moindre
importance dont le syndicat avait imprudemment
accepté l'adhésion. Pour elles le syndicat était
une aubaine, car c'était sur elles que portaient les
tentatives et l'effet de baisse des prix. Elles jouis-
saient d'une situation inespérée, n'avaient plus à
redouter les anxiétés des règlements de compte et
ne connaissaient que des bénéfices toujours crois-
sants. La convalescence ouvre l'appétit, le malade
veut se refaire : elles se firent donc attribuer des
participa˙˙ons au-dessus de leurs moyens, ne purent
tenir de tels engagements, durent réclamer des
réductions qui contraignirent les autres à renforcer leur extraction et à payer des primes de
surproduction ; bref elles gênèrent leurs associés.

L'Allemand n'a pas plus le respect des petites
affaires que des petites nations : au lieu d'essayer
de les corriger, on étrangla net ces petites mines
trop gloutonnes. En 1897, à la requête des grosses
mines, le syndicat décidait de refuser toute réduction de production et de diminuer le chiffre
des participations des réductions déjà consenties.
C'était acculer les petites mines au rachat : le
mouvement devait avoir son maximum d'inten-
sité de 1903 à 1909, où les principales firmes
rachetèrent trente mines et arrêtèrent l'exploitation d'un tiers qui se montait à un million de

tonnes. Il en résulta une concentration qui rendit plus aisé le fonctionnement du syndicat.

On ne pouvait agir de la sorte avec les mines de forges (¹) ; il y avait là un adversaire de taille et qui ne se laisserait pas faire...

L'association de la forge et de la houillère, la position de la métallurgie sur le charbon ne furent pas, en Allemagne, la conséquence d'un plan prémédité, d'une politique économique, mais de la coexistence fortuite et d'ailleurs éphémère de gisements de houille et de minerai de fer dans les mêmes endroits (²).

En 1849, un minerai contenant à la fois du fer et du charbon fut découvert dans la région de Dortmund, Horde, Witten et Sprockhovel : ce minerai, appelé fer charbonneux, détenait 30 0/0 de fer, 35 0/0 de charbon et une gangue argileuse et calcaire qui le rendait apte, sans l'addition d'autres matières, à la réduction métallurgique. La firme Gutehoffnung, acquise depuis 1808 par le groupe Jacobi, Haniel et Huyssen, fonça, en 1854, le puits d'Oberhausen ; elle fut suivie par la Horder Bergwerks und Huttenverein : cette dernière put, avec la nouvelle matière, livrer à 43 marks la tonne de fonte qui revenait auparavant à 83 marks à Horde, à 110 à Siegen.

(¹) On nomme généralement *mines-usines* (*hütten zeche*) ces charbonnages appartenant à des hauts-fourneaux et dont la production sert en première ligne pour leurs besoins et ceux de leurs annexes. Le nom de mines de forges nous a paru plus exact et précis : aussi nous l'adoptons.

(²) Sur cette partie, nous donnons comme référence une étude du Bergassessor PILZ, *La Question des mines-usines dans le district de la Ruhr*, dont la traduction fut publiée par la *Revue noire* (30 octobre 1910-24 février 1911).

L'indication semblait concluante ; les établissements sidérurgiques furent attirés dans cette région privilégiée ; ceux qui étaient placés ailleurs y acquirent des houillères, ce fut le cas de Phœnix en 1864, de Krupp peu après. Mais on eut plus vite qu'on ne le pensait la fin de ce minerai charbonneux, et les métallurgistes durent acheter du fer dans les régions plus éloignées du Harz, du Weser, du Siegerland : leurs calculs se trouvèrent dérangés et le prix de revient lourdement grevé des frais de transport. Il fallait donc nécessairement renforcer le plus possible l'avantage acquis sur le charbon, et la nécessité s'imposa de réunir dans une seule entreprise les différentes opérations de la production métallurgique et de se rendre indépendants pour la matière première. La houille n'ayant pas comme, le minerai, un emploi exclusivement sidérurgique et sa vente étant des plus avantageuses, le métallurgiste se voyait incité à joindre à son entreprise le commerce du charbon et le charbonnage devint ainsi, de plus en plus, une annexe de la forge ; ce fut la raison du prodigieux avancement de la métallurgie allemande.

Mais ces bienheureux possédants avaient intérêt à ce que leur privilège ne fût pas trop diffusé, et l'extrême richesse houillère du sol westphalien leur donnait de l'ombrage ; il y avait dans les recherches qui se faisaient une perpétuelle menace, puisqu'en multipliant le produit elles le ravalaient et risquaient, par suite, de réduire et d'annuler leur avantage. Il fallait décourager de telles curiosités. L'exploitation du bassin westpha-

lien avait été commencée par le sud où étaient
les affleurements, le gisement se dirigeait vers
le nord en profondeur. Et la géologie officielle
affirma violemment — avec le traditionnel coup
de poing sur la table — que la houille n'existait
pas au-dessous de 400 mètres, que le bassin était
intercepté par des failles impénétrables.

Un homme ne se laissa pas abuser par ces affirmations catégoriques et y voulut aller voir, Au-
gust Thyssen. C'était un petit fondeur catholique
de Mulheim. Il avait, en 1870, réalisé un certain
avoir et monté une firme à Duisbourg : il la
gouverna habilement, fit quelques bénéfices, acquit un charbonnage, améliora son affaire et
tenta alors un coup inouï. La région d'entre la
Ruhr et la Lippe, de Ruhrort à Wesel, le long du
Rhin, — au-dessus des charbonnages de Phœnix,
d'Oberhausen et de Krupp, — n'avait pas été
prospectée et était officiellement affirmée zone
stérile. Thyssen, avec tout son bénéfice, fit faire
dans cet immense secteur 40 sondages sur les
points les plus distants ; sur les 40 il trouva, à
460 mètres, le charbon, et au-dessus un minerai
de fer inférieur (¹) et du sel. Inventeur de ces
multiples gisements, il se vit du coup, de par la
loi allemande, détenteur d'un charbonnage d'un
seul tenant, d'une superficie égale pour le moins
à tout notre bassin du Nord et du Pas-de-Calais,
et l'un des plus gros producteurs de houille. Il ne

(¹) Dans l'étude susdite, le Bergassessor Pilz affirme cette
coexistence, dans les concessions de la Deutscher Kaiser, du minerai de fer et du charbon et que l'extraction des deux minerais
se faisait en même temps par les mêmes puits.

s'en tint pas là, car il avait le goût de la conquête : sur ses houillères, il établit la formidable
Deutscher Kaiser et devint l'un des premiers métallurgistes d'Allemagne.

De telles affaires, qui avaient ainsi conquis leur
independance, étaient à l'abri des perturbations
du marché houiller et même bénéficiaient indi-
rectement de son irrégularité ; elles n'avaient point
intérêt à entrer dans un syndicat dont l'effet
serait de stabiliser leur production et, par suite,
d'entraver leur développement et d'enchaîner
leur liberté.

L'opposition vint plus particulièrement des
forges, qui n'avaient pas de charbonnages et qui
allaient subir, et de façon désastreuse, les effets
de la hausse. Elles étaient incitées à acquérir au
plus vite un charbonnage, ce qu'elles firent : mais,
ce faisant, elles retiraient à la fois au syndicat et
leur clientèle propre et le tribut d'*umlage* que la
houillère acquise lui payait ; par ce détournement,
le syndicat ne groupa bientôt plus que 82 au lieu
de 92 0/0 de la production. Il voulut barrer ces
prétentions et fit dire par justice que l'acquisition
par ces forges de houillères syndiquées ne libérait
pas celles-ci de leurs obligations envers le syndicat
et qu'elles ne devaient vendre leurs charbons que
par le syndicat.

C'était le syndicat forcé pour les mines de
forges ; la crise de 1900 les y poussa définitive-
ment.

VI

LE CARTELL HOUILLER
ET LA CRISE DE 1901-1902

L'invasion des fers américains met en crise la métallurgie allemande : contre-coup sur les houillères qui, pour écouler leurs
stocks, sont obligées d'exporter ; les grèves françaises les y
aident. — Une guerre économique mondiale : les États-Unis et
l'Allemagne essaient de soulever à l'Angleterre la clientèle de
la France ; l'Angleterre riposte par la grève des charbonnages
américains. — La politique houillère allemande s'oriente vers
l'exportation en France ; les grèves françaises leur en donnent
le moyen. — L'aveu allemand : « la grève française a été un
véritable bienfait » : le cartell houiller peut, par ce moyen,
conjurer la crise et se poser en protecteur de l'industrie allemande.

L'ALLEMAGNE eut, de 1896 à 1900, une période
d'extraordinaire activité industrielle. Les
houillères y participèrent largement; l'extraction
fut très poussée : de 39 millions de tonnes, elle
passait à plus de 52, et les prix, de 8 et 11 marks,
montèrent à 9 et 14. Un arrêt brusque était à
craindre et la situation particulièrement délicate.

Au cas d'une crise, une industrie ordinaire
risque au plus un chômage plus ou moins prolongé.
Les houillères, qui donnent leur aliment aux
autres, ne peuvent, elles, interrompre l'extraction,

car le chômage d'une mine est presque son arrêt
de mort ; il leur est d autre part presque impossible de prévoir exactement l'étendue de la restriction de la consommation, et elles doivent être
prêtes pour la reprise de l'activité économique :
plus qu'à toutes autres industries il leur faut la
ressource du stock. Mais leur intérêt conseille que
ces stocks soient limités ; les exagérer serait, en
effet, risquer de charger pour longtemps le marché et de maintenir la baisse du prix. Le gouvernement des houillères exige donc plus de prévoyance que tout autre, et cette prévoyance est
particulièrement malaisée en cas de crise. La crise
escomptée survint au milieu de 1900 ([1]).

Les Ét ts-Unis avaient mis à profit la guerre
du Transvaal qui occupait l'Angleterre, pour
avancer, sur les marchés de l'Europe, leurs produits et spécialement le fer et le charbon. Ils y
jetèrent un stock de fers, qui mit en crise la

([1]) Pour tous détails et précisions sur ce chapitre, je renvoie le
lecteur au livre de M. ANDRÉ SAYOUS, *La Crise allemande de* 1900-
1902 (Paris, Colin, 1903) et à trois études sur *La Grève générale
des mineurs de France*, que j'ai publiées dans le *Correspondant* des
10, 25 mai et 10 juin 1903.

J'ai dû, pour ce travail-ci, relire celui-là : une telle épreuve est
souvent scabreuse. Il est utile, nécessaire même de relater les
événements sur le coup et au moment même où ils se produisent,
mais l'histoire ainsi écrite est nécessairement un peu conjecturale,
car des éléments essentiels d'information font défaut. En 1903
où j'écrivais ces articles pour le *Correspondant*, on ignorait tout
des méthodes et des tendances économiques de l'Allemagne comme
aussi des dessous de la politique ouvrière française ; l'écrivain
devait donc deviner plus que connaître. En relisant mon travail,
à seize ans de distance, j'ai relevé des inexactitudes de détail,
quelques chiffres à rectifier, mais j'ai eu la satisfaction de constater que, loin de les contredire, la suite des événements n'avait
fait que corroborer mes conjectures et que je n'étais pas passé à
côté de la vérité. Aussi ai-je cru pouvoir mettre ces études du *Correspondant* au nombre de mes références actuelles.

métallurgie allemande ([1]). Celle-ci dut se réduire, entraîna les autres et par incidence les houillères. Le syndicat rhénan-westphalien diminua l'extraction, d'un coup, de 12 0/0 ; ce ne fut ni suffisant ni assez rapide. Au début de 1901, les stocks étaient excessifs, et force fut de s'en débarrasser n'importe où ni comment.

A point voulu, en février 1901, éclata la grève de Montceau, la grande grève de 105 jours ; et comme par hasard l'idée de grève générale des charbonnages se remit à travailler les cervelles « noires ». Cette grève de Montceau permit la diminution cherchée des stocks allemands, de ceux de coke surtout. Mais ce ne fut qu'un secours momentané ; la situation empira, les stocks montaient, montaient, et l'on ne pouvait prévoir le terme de la crise. L'exportation apparut alors comme la seule planche de salut, et l'exportation au plus près, en France. Au point de vue intérieur, tout fut mis en œuvre pour faciliter ce déversement de charbon : l'État abaissa les tarifs de transport, les houillères concédèrent des primes de sortie. Celles-ci eurent leur effet habituel : les Allemands payaient leur charbon beaucoup plus cher que les Suisses et les Français chez qui il était expédié, et cette spéculation se vit d'Allemands rachetant leur propre charbon en Suisse pour le revendre chez eux avec bénéfice !

---

[1] Cette invasion des fers américains avait été rendue, non seulement possible, mais facile par l'âpreté du Syndicat des fontes, qui avait abusivement relevé les prix des fontes et gêné toute l'industrie allemande (Voir ci-après, 2e partie : *La politique métallurgique de l'État allemand*).

F. ENGERAND   5

Une incroyable maladresse de la politique anglaise servit efficacement les intentions des charbonnages allemands. En avril 1901, le gouvernement anglais mettait un droit de sortie d'un schilling sur ses charbons, levant ainsi sur ses clients, et spécialement sur ceux de France, un impôt pour le paiement des frais de la guerre du Transvaal.

Les houillères françaises se résignèrent d'autant plus facilement qu'elles réglaient depuis toujours leurs cours sur ceux du charbon importé : celui-ci haussant, elles en étaient quittes pour hausser les leurs et ne firent rien pour remédier à une situation qui, si elle préjudiciait à l'intérêt général, ne lésait pas et même servait leurs intérêts particuliers. A ce moment où les charbons anglais étaient frappés de ce droit de sortie, les charbonnages français n'augmentèrent pas leur extraction ; le premier semestre de 1902 marqua même un recul de plus de 650.000 tonnes sur le semestre correspondant de 1900 (¹) ; le prix du charbon à la mine française, de 12 fr. 12 en 1898, de 16 fr. 23 en 1899, était, en 1901, à 20 fr. 50, alors qu'en Angleterre il n'était, en cette même année 1901, qu'à 16 fr. 30, et à Sarrebrück à 15 fr. 44 (²).

Mais cette politique particulariste des houillères françaises mit contre elles toute l'industrie, qui appela une contre-partie (³). Les houillères alle-

(¹) *Houillères de France.* Circulaire 2416 : 16.767.131 tonnes dans le premier semestre de 1900 ; 16.194.515 dans le premier semestre de 1902.

(²) Mercuriales de la *Réforme économique.*

(³) On trouve l'écho de ce mécontentement dans le livre de M. GEORGES VILLAIN, *Le fer, la houille et la métallurgie à la fin du XIXe siècle.*

mandes ne purent pas ne pas voir la belle position à prendre et les moyens faciles de développer
leur exportation. Sans doute elles risquaient
d'améliorer les conditions de production de l'industrie française, de lui permettre un abaissement du prix de revient et d'atténuer la dépendance de la métallurgie française. Mais elles sa-
vaient sans doute que cette métallurgie française
était orientée vers les prix chers et ne se préoc-
cupait d'exportation que dans la mesure à maintenir les prix des fontes sur le marché intérieur.
Et puis il fallait se débarrasser d'un stock gênant; nécessité n'a pas de loi et l'on songerait à
l'avenir, la crise passée.

Les États-Unis avaient eu la même pensée; ils
avaient vu la position à prendre sur le marché
français et la possibilité d'y substituer leurs
charbons au charbon anglais. Le bas prix de leur
fret leur permettait de mettre en France une
tonne de houille industrielle à 9 fr. 40, quand la
même y valait plus de 11 francs, 13 fr. 40 en Angleterre, 13 fr. 90 en Allemagne. L'industrie française appelait cette invasion, et l'exportation des
charbons américains, nulle en 1898, passait à
96.000 tonnes en 1900, à 235.500 en 1901 [1].

L'Angleterre comprit le danger et employa les
grands moyens pour le conjurer. Elle déchaîna
peut-être et entretint certainement cette formidable grève générale des charbonnages américains
de mai 1902, qui dura cinq longs mois, brisa net
ces tentatives de concurrence des Américains et

---

[1] L'Economiste français, 7 décembre 1901.

leur amena une telle disette de combustible que,
pour se chauffer, les pauvres furent obligés de
pêcher le bois flottant dans les rivières et de
dépaver le bois des rues de Chicago (¹). Naturellement toutes exportations furent arrêtées et,
depuis, n'ont pas été reprises.

Mais l'Angleterre avait montré les voies à
l'Allemagne, et celle-ci ne tarda pas à s'y engager : pour écouler son stock, elle recourut au
même moyen et, comme par hasard, en octobre 1902, éclatait en France la grève générale
des mineurs.

La situation était devenue critique. Au cours
du premier semestre de 1902, l'extraction de la
houille, en Allemagne, avait dû être réduite de 20,
puis de 24 0/0 ; la fabrication du coke fut abais-
sée jusqu'à 35 0/0. Il avait [fallu congédier des
ouvriers, chômer deux et trois jours par semaine,
et, malgré tout, les stocks augmentaient ; fin
mars, ceux du syndicat étaient de 347.000 tonnes.

La grève générale des mineurs de France fut
déclarée en octobre au moment des grandes de-
mandes de combustible. Elle survenait trop à
point, elle servait trop clairement les intérêts
allemands pour que ceux-ci n'y aient pas eu une
part plus ou moins indirecte. La presse allemande,
au surplus, le proclamait sans embarras ni détours : « L'avenir immédiat des charbonnages
rhénans dépendra en partie de la grève qui a
éclaté en France : dans quelle mesure écoulera-

(¹) Le *Temps*, 18 octobre, 1ᵉʳ novembre 1902. — L'*Eclair*,
14 octobre 1902. — Le *Matin*, 13 octobre 1902.

t-on les quantités depuis longtemps gênantes (¹) ? »

La production houillère française fut interrompue, dans sa totalité, du 3 octobre au 19 novembre ; le charbon étranger prit la place du charbon national, et les houillères allemandes purent se libérer de leurs stocks. « La grève française, avouait l'*Arbeitsmarkt* (¹), a vidé les stocks existants ; elle a stimulé l'extraction. Il a été possible d'envoyer d'énormes quantités en France sans forcer la production, tellement la demande en Allemagne est restreinte. La grève française a été un véritable bienfait. » De fait, les exportations de houilles allemandes en France, de 796.000 tonnes en 1911, passaient, en 1902 à 981.000, en 1903 à 1.100.000 ; celles de coke, de 753.000 en 1901, étaient à 917.000 en 1903, et celles de briquettes, de 9.000 tonnes en 1900, atteignaient, en cette même année 1903, 86.000 (³). Le syndicat put traverser cette crise sans exemple en maintenant ses prix ou en ne les diminuant que très peu (⁴).

Cette grève n'avait pas seulement débarrassé les charbonnages allemands de stocks dispendieux ; en mettant sur le marché français leurs houilles à des prix avantageux, elle avait permis à ces houillères de se constituer une clientèle intéressante et de développer leur commerce extérieur : les Allemands firent des marchés jus-

---

(¹) SAYOUS, livre cité, p. 265.
(²) Cité par le *Temps*, 21 octobre 1902.
(³) *Houillères de France*. Circulaire, n° 2620.
(⁴) LIEFMANN, livre cité, p. 42.

qu'à Amiens, leurs charbons pénétrèrent jusqu'à Saint-Étienne ([1]).

Le syndicat rhénan-westphalien avait ainsi sauvé la situation ; il avait joué le rôle de protecteur à l'égard des autres industries et spécialement de la métallurgie, au secours de laquelle il se porta d'abord.

Pour que les houillères allemandes avec le développement exagéré qu'elles avaient pris, pussent, en effet, conserver une activité suffisante, il fallait que la métallurgie, mère des autres industries, surproduisît et que les industries allemandes consommassent du charbon, et en consommassent de plus en plus. Cette nécessité allait accroître fiévreusement la production allemande et, comme elle ne pouvait trouver placement à l'intérieur, il fallait la pousser à la conquête des marchés extérieurs. L'œuvre était dure de concurrencer les autres chez eux et de leur vendre à bas prix l'excédent de la production allemande. Et l'on vit alors s'instituer cette pratique des primes d'exportation, du *dumping*, de ce tribut que la production allemande prélève sur l'acheteur national et sur elle-même pour permettre à telle et telle industrie de mettre sur tel et tel marché ses produits à des prix inférieurs à la production indigène.

Le bénéfice que le syndicat rhénan-westphalien avait retiré de cette grève des mineurs de France, fut par lui employé à doter de primes d'exportation la métallurgie mal en point afin de

---

([1]) *Echo du Nord*, 9 novembre 1902.

lui permettre de se refaire par le développement de son commerce extérieur.

Mais il pensa et, sur le moment, la métallurgie pensa avec lui que le temps des luttes intestines devait finir, que houillères et forges devaient marcher d'accord, qu'une entente était commandée par la force des choses.

Cette entente se fit en 1903.

VII

L'ANTAGONISME ENTRE LA MÉTALLUR-GIE WESTPHALIENNE ET LE CARTELL HOUILLER

La position prise par le cartell inquiète les métallurgistes : ils reconnaissent qu'ils se sont donné un maître. — La politique métallurgique westphalienne : le minerai manque et ne peut être trouvé qu'en France. — Briey redonne l'avantage à la métallurgie française : le salut pour la métallurgie westphalienne est dans l'échange minerai-charbon et la politique d'exportation du cartell compromet cette ressource. — La conquête du cartell houiller devient pour la métallurgie westphalienne question de vie ou de mort.

LE Syndicat rhénan-westphalien était sorti de la crise de 1902 comme d'une victoire ; le prestige, l'autorité, la puissance qu'il en retira furent grands ; du coup, il s'était institué le protecteur, et aussi le dominateur de l'industrie allemande. L'État et les métallurgistes ne pouvaient pas ne pas prendre inquiétude d'un tel pouvoir ; ceux-ci surtout eurent vite assez de cette tutelle et la pensée leur vint de dominer au plus tôt leur tuteur.

En attendant, et peut-être pour y réussir, au sortir de la crise, ils entrèrent dans le syndicat, qui les accueillit avec d'autant plus de joie et d'empressement que les mines de forges, syndiquées ou non, lui avaient donné jusque-là les plus grands ennuis et dérangé tous ses plans.

Les conventions de 1893 n'avaient pas écarté du syndicat les mines de forges, mais peu y étaient entrées. Le plus grand nombre et les plus importantes avaient préféré garder leur indépendance. Avec leur charbon au prix de revient, elles pouvaient d'autant mieux développer leur production et leur extraction qu'elles profitaient, pour la vente de leurs excédents, du relèvement général des prix amené par le syndicat.

Celles des mines de forges qui étaient entrées dans le syndicc n'avaient pas donné une grande satisfaction. On leur avait fait des conditions plus que princières, léonines : le tonnage destiné à leur consommation propre restait en dehors des réductions de production imposées aux autres et, au cas d'une diminution de leur consommation, elles avaient le droit de vendre à leur compte leurs excédents, pour lesquels elles étaient libérées de toute redevance syndicale. L'eussent-elles voulu, qu'elles n'eussent pas pu ne pas user de cet avantage, car elles se seraient vues distancées par les mines de forges non syndiquées, qui renforçaient de plus en plus leur production. Elles durent donc se développer, firent l'acquisition d'autres mines qu'elles retiraient le plus souvent au syndicat, ouvrirent des puits nouveaux pour élever leurs participa-

tions et finirent par jeter leurs excédents sur
le marché à des prix inférieurs à ceux du syndicat.

Quant aux usines métallurgiques non pourvues
de mines, leur situation était impossible. Subis-
sant en plein l'effet de la hausse des prix et de
l'irrégularité de la production, force leur fut de
s'assurer le tonnage nécessaire en achetant des
houillères ; leur choix, naturellement, porta sur
les petites mines ; elles retiraient ainsi ses associés au syndicat. Celui-ci s'émut, recourut aux
juges et fit déclarer par le tribunal suprême de
Leipzig que l'acquisition de ces houillères par les
forges ne les libérait pas de leurs obligations envers le syndicat et qu'elles devaient continuer à
vendre et leurs acquéreurs à acheter leurs charbons par son intermédiaire. Ne pouvant débaucher
les mines syndiquées, ces forges, encouragées par
l'exemple de Thyssen, résolurent d'en ouvrir de
nouvelles et se jetèrent sur les morts terrains du
nord du bassin. Les gisements allaient vers le
nord en profondeur. Le perfectionnement des
procédés de sondage et d'extraction, la hardiesse
aussi des sondeurs développèrent considérablement les zones exploitables : on chercha et on
trouva la houille jusqu'à 1.200 mètres, et de nombreuses concessions nouvelles furent instituées.

Bref, l'extraction totale du bassin westphalien
était passée, de 36.853.000 tonnes en 1893, à
64.689.000 en 1902 (¹) : l'œuvre de limitation de

(¹) FUSTER, p. 53. — La plus débordante de ces mines de
forges fut la Deutscher Kaiser de Thyssen, dont l'extraction de
1893 à 1903 passa de 332.051 à 1.689.077 tonnes.

MÉTALLURGIE WESTPHALIENNE 75

la production, entreprise par le syndicat, aboutissait à ce résultat. Il fallait nécessairement composer avec la métallurgie ; la crise de 1902 provoqua l'entente ; elle se fit en 1903 sur les bases
suivantes.

Les mines de forges étaient exemptées de toutes
obligations syndicales pour les houilles prises sur
elles et destinées à la consommation de leurs
usines ainsi que de leurs dépendances. Elles pouvaient augmenter, par ce moyen, leur tonnage à
volonté, mais elles étaient tenues seulement de faire
vendre par le syndicat les quantités non consommées ; cet excédent constituait « la participation » qui restait soumise aux obligations et redevances syndicales. Par suite, ces mines de forges
avaient leur charbon au prix de revient et elles
vendaient leurs excédents aux prix élevés du
syndicat : elles jouaient sur le velours et prenaient des deux mains. Elles entrèrent donc en
nombre dans le syndicat qui, du coup, groupa
plus de 98 0/0 de l'extraction totale du bassin.

Ces nouveaux arrivants n'entendaient pas s'en
tenir à ce rôle profitable, mais secondaire. L'entente des houillères et des forges fut un mariage
de raison ; l'intérêt seul l'avait motivé et pour
des vues différentes, même opposées. Le syndicat
croyait avoir solutionné ainsi le problème minier
et métallurgique : il ne faisait que se poser.

Une crise est une maladie industrielle et,
comme toute maladie, elle s'accompagne presque
toujours d'un examen complet de situation, parfois même de conscience, révélant les points

faibles, y fixant l'attention, appelant le traitement. Celle de 1902 fit réfléchir la métallurgie ;
ç'avait été pour elle moins « une crise de crois-
sance » que la manifestation d'une hypertrophie
déjà irréductible ; elle s'était trop développée et
se voyait condamnée à toujours se développer
davantage.

Or, l'une des matières premières essentielles
venait à lui manquer. Ses minerais de Lorraine
ne lui suffisaient plus, elle en prenait au dehors
déjà 5 millions de tonnes, et il lui en faudrait
toujours plus ; en outre, indice particulièrement
grave, elle importait 600.000 tonnes de fonte (¹).
Et ce minerai, qu'elle n'avait plus à sa faim, venait de se révéler en abondance de l'autre côté
de la frontière. La mise en valeur du bassin de
Briey modifiait toutes les positions et risquait de
mettre la métallurgie westphalienne dans une
position difficile.

Pour des raisons politiques plus qu'industrielles, la Westphalie devait rester le siège principal de la métallurgie allemande, mais économiquement la Lorraine, qui avait le minerai et le
charbon, était la terre d'élection, et le fer lorrain attirait dans les régions du Sud-Ouest
(Lorraine, Sarre, Luxembourg) la métallurgie de
la rive droite du Rhin. Le gouvernement impérial soupçonnait assurément mieux que ceux de
France le péril d'une concentration métallurgique sur la frontière, aussi contraria-t-il cette
attirance par tous les moyens, dont le meilleur

(¹) ENGERAND, L'Allemagne et le fer, p. 238.

fut le charbon. Le grand et unique avantage de l'industrie sidérurgique westphalienne était le bas prix de revient de son coke ; alors que pour les mines de forges il était à peine de 7 francs, ce même coke était vendu 20 francs aux usines qui ne faisaient pas partie du syndicat (¹), et comme le prix du coke influence surtout celui de la fonte, la métallurgie westphalienne avait un prix de revient plus abaissé que dans les autres centres (²). Elle trouvait là une compensation à son désavantage quant au minerai.

Toutefois cette situation ne pouvait être maintenue qu'à la condition que la Lorraine et la région du Sud-Ouest fussent tenues de prendre leur charbon en Westphalie ; or ce charbon existait dans la Sarre. Mais le fisc prussien détenait quasi complètement ces charbonnages ; nous verrons qu'il en limita le plus qu'il put l'extraction et surtout la fabrication du coke. Politiquement le charbon de la Sarre ne devait pas fournir de coke métallurgique, l'État prussien affirma et érigea en dogme cette inaptitude : la métallurgie du Sud-Ouest se voyait ainsi obligée à se fournir de coke westphalien (³) et perdait ainsi son avantage pour le minerai. C'est à ces conditions — et aussi grâce à la réduction systématique des moyens de transport — que l'équilibre put être assuré entre ces deux régions (⁴).

(¹) ROBERT PINOT, *Études sur l'industrie métallurgique française.*

(²) PILZ (étude citée) estime à 15 francs cette diminution.

(³) Les expéditions de coke rhénan-westphalien à destination du Sud-Ouest passaient de 1.456.545 tonnes en 1893 à 3.420.069 en 1905 (*Houillères de France*, 4057).

(⁴) Les détails de cette politique métallurgique sont exposés ci-après dans la 2ᵉ partie de ce livre.

La mise à fruit des mines de Briey remit tout
en question. Ce minerai français avait une teneur
ferrugineuse de 6 0/0 supérieure au minerai de
la Lorraine annexée, dont se fournissait toute la
métallurgie allemande, celle de Westphalie comme
celle du Sud-Ouest. Ce nouveau facteur redon-
nait aux métallurgies lorraines française et annexée une supériorité évidente et restituait à
celle-ci les avantages que le gouvernement allemand avait eu tant de mal à lui retirer en la rendant tributaire des houillères westphaliennes. La
métallurgie westphalienne voyait donc se rompre
à son détriment l'équilibre si difficultueusement
assuré, et ses rivales lorraines retrouver leur avantage.

Il était indispensable que la métallurgie westphalienne pût avoir ce minerai français, aux
mêmes conditions au moins, et s'il se pouvait
même à des conditions plus avantageuses que la
métallurgie du Sud-Ouest : elle le pouvait par
l'échange du charbon qu'elle avait en trop et dont
la métallurgie lorraine française était dépourvue.
Cette vue inspira sa politique et en est l'explication.

Les concessions des mines de Briey avaient
été données aux forges françaises et c'était avec
celles-ci qu'il fallait traiter. Assurément ces forges
ne refuseraient pas les commandes qui leur seraient passées, mais, si ces commandes étaient
faites sans compensation, l'acheteur devait subir
les conditions du vendeur, qui, pour racheter son
désavantage sur le charbon, élargirait le plus
possible la marge de son bénéfice, d'où relève.

ment fatal du prix de revient du produit fini.

Or, cet avantage sur le charbon, par où la métallurgie westphalienne avait barre sur la française, pouvait être compromis par les exportations de houille et de coke, par lesquelles, depuis la crise de 1902, le syndicat rhénan-westphalien cherchait à améliorer les conditions de son marché. Ces exportations risquaient d'abaisser le prix général du charbon en France ; déjà s'établissaient des marchés à long terme. Qui garantissait que le syndicat rhénan-westphalien ne viendrait pas à en passer de tels avec les métallurgistes français, leur donnant le coke à des prix, sinon comparables à ceux des industries allemandes, au moins plus avantageux que ceux qu'ils avaient jusque-là et que ces forges françaises ne s'aviseraient pas d'établir des cokeries, qui, par le bénéfice des sous produits de la distillation de la houille, rachèteraient leur désavantage ? La métallurgie française, de plus en plus concentrée à l'Est, à la frontière, était ainsi amenée à se mettre de plus en plus dans la dépendance des houillères de Westphalie. Les métallurgistes westphaliens estimèrent plus sûr que ce fût dans leur dépendance à eux : leur avenir et même leur existence le commandaient.

Si ces liens, en effet, s'étaient relâchés, la métallurgie française, avantagée par la qualité et la quantité de son minerai et avec des conditions meilleures pour le coke, pouvait opposer à la métallurgie allemande une redoutable concurrence. Au contraire, gênée pour son charbon, elle était amenée à composer avec la métallurgie westphalienne, gênée pour son minerai ; des échanges — minerai contre charbon, et même mines contre mines — ne pouvaient pas ne pas s'établir et, comme le charbon prenait un rôle de plus en plus important dans la métallurgie du fer et que le prix du coke est double et plus de celui du minerai, la métallurgie westphalienne tenait le meilleur bout et gardait le dessus.

Mais pour cela il fallait qu'elle prît le commandement du marché houiller et surtout de celui du coke, qu'elle contrôlât le syndicat, qu'elle en fît la conquête pour en avoir la direction. Et c'est dans ce sentiment et avec ces intentions que les mines de forges, en 1903, firent alliance avec les houillères. Celles-ci, tout à la joie, et dans l'orgueil du triomphe, n'en eurent peut-être pas, sur le coup, soupçon. Le fond de l'âme allemande échappe même aux Allemands, il faut des circonstances et des heures décisives pour le révéler. C'est toujours au moment où il se montre aimable, obséquieux même et le plus disposé à s'accorder que l'Allemand médite d'abattre qui lui fait confiance. Cette disposition, que la guerre nous a signalée, existait depuis longtemps, depuis toujours dans le monde des affaires. Tout magnat de l'industrie a la passion de l'hégémonie, le besoin de dépasser, de dominer, de « mettre à genoux » — c'est la formule — son pair qui est souvent son ami.

Les métallurgistes westphaliens entrèrent donc dans le syndicat rhénan-westphalien, par la plus haute porte, en grands électeurs, du pas dont les chevaliers et Tannhauser font leur entrée au

palais de Wartburg, et avec le dessein bien arrêté
d'étrangler leur hôte.

L'intérêt des houillères s'opposait nettement à
de telles vues. Elles ne pouvaient augmenter que
par l'exportation leur production et leurs bénéfices, de plus en plus compromis par la concurrence des mines de forges.

Une industrie comme les charbonnages ne peut,
quoi qu'elle veuille, adapter exactement sa production aux variations du marché ni l'augmenter
du jour au lendemain. Si elle établit ses prévisions trop en dessous, elle déchaîne l'hostilité
furieuse du public ; en dessus, elle fait des stocks
qui, non écoulés, risquent d'alourdir le marché
et d'amener une chute excessive des prix. Les
charbonnages westphaliens, surtout, se voyaient
de plus en plus privés de leur meilleur et plus
fort client, la métallurgie ; la profusion de la
houille engageait les autres industries à s'an-
nexer des charbonnages et à se rendre indépendantes ; une bonne partie du marché intérieur,
spécialement la côte Baltique et des parties de
la Bavière et de la Saxe, leur était inaccessible
par le coût du transport (¹) : l'exportation devenait ainsi la suprême ressource, le seul moyen de
régulariser les cours et d'autant plus intéressant
que le charbon était plus cher dans les pays
importateurs.

(¹) Le chiffre des importations de charbons anglais en Allemagne ne faisait que s'accroître : en dix ans (1900-1910), il était
allé de 2 à 10 millions et plus de tonnes (*Houillères de France*,
Circulaire n° 4211) : il est plus que probable que ces importations
étaient permises pour amener une hausse des cours sur le marché
intérieur.

F. ENGERAND   6

C'est dans ce sens que le syndicat orientait son
effort depuis la crise de 1902 et la grève générale
des mineurs de France. De 18.488.000 tonnes en
1900, les exportations de combustibles minéraux
allemands montèrent à 35.969.000 en 1911, à
41.045.000 en 1913 (¹) : là encore l'Allemagne
pressait sérieusement l'Angleterre dont l'exportation n'était passée de 46.663.000 tonnes en 1900
qu'à 67.825.000 en 1911.

Le plus fort preneur de houille allemande était
l'Autriche ; la métallurgie westphalienne n'en
tirait point ombrage ; ce qu'elle surveillait par-
dessus tout c'était le développement des exportations de coke, car elle avait intérêt à ne livrer à
la métallurgie française que le coke et non la
houille. Le bassin rhénan-westphalien, par suite
de l'inaptitude métallurgique voulue des houilles
de la Sarre, était pour ainsi dire le seul producteur de coke, et la France en était le principal
acheteur : en 1913, les exportations allemandes de
coke se montaient à 6.412.000 tonnes dont le syndicat faisait 4.402.000 et dont la France achetait
2.355.000 — soit plus du tiers de sa consommation, puisque toute la production nationale française n'était que de 3.667.000 tonnes.

La France prenait ainsi au syndicat plus de la
moitié de ses exportations de coke et 23 0/0 de
celles de houille ; mais dans l'espèce la France,
c'étaient les métallurgistes de l'Est...

_____

(¹) *Houillères*. Circulaire n° 4504. — *Forges de France*. Circulaire n° 587.

VIII

L'ÉTAT ALLEMAND ET LE CARTELL HOUILLER

La politique houillère de l'État allemand. — L'État, exploitant houiller, peut intervenir, dans la production, comme régulateur des prix. — Il voit d'abord avec faveur le cartell, qui tend à fixer la métallurgie sur la rive droite du Rhin. — Mais, devant la puissance que prend le syndicat westphalien et sa tendance au monopole, l'État prétend lui faire contrepoids pour défendre les consommateurs : il accroît son domaine houille, et prend pied en Westphalie. — La lutte de l'État et du cartell.

Combattu et miné au dedans par les métallurgistes ses co-associés, le syndicat rhénan-westphalien allait en mêm temps être vivement attaqué au dehors par l'État, qu'il avait assez maladroitement mis contre lui.

De tout temps l'État prussien avait été exploitant houiller et même longtemps marchand de charbon. Il tenait du grand Frédéric ses mines de Silésie ; il avait, en 1815, pris celles de la Sarre pour compenser ses déboires sur la Saxe. Il géra, on l'a vu, fort bien ces domaines et consolida sa position industrielle : avant la mise en valeur du bassin westphalien, le fisc prussien, par ses charbonnages de Silésie et de la Sarre, était le plus fort exploitant du royaume ; à lui seul il faisait au moins le tiers de la production totale.

Il se vit, après 1871, dans l'obligation non seulement de maintenir, mais de renforcer ses entreprises houillères. D'abord à raison de l'extension de son rôle industriel : il avait pris l'exploitation des chemins de fer et était devenu ainsi gros consommateur de charbon ; comme les autres, il devait assurer son indépendance pour cette matière première essentielle. Puis ses charbonnages de la Sarre approvisionnaient toute la région du Sud-Ouest, la terre d'élection de la métallurgie. On vient de voir quelle haute raison d'État commandait le maintien de la métallurgie allemande sur la rive droite du Rhin ; le vrai moyen d'empêcher un tel déplacement était que l'État ait le quasi-monopole du charbon dans cette région du Sud-Ouest afin de modérer l'extraction et de maintenir les prix à un taux décourageant : ce qui fut fait.

Le gouvernement allemand vit donc tout d'abord sans regret, et même avec faveur, l'établissement du syndicat rhénan-westphalien : améliorant les conditions du marché houiller, ce groupement se posait en organe d'ordre économique et public, puisqu'il contribuait à faire de la Westphalie le grand centre de l'activité industrielle de l'Allemagne.

Jusque-là l'irrégularité des cours des charbons, ces élévations et ces chutes alternées s'opposaient à un développement industriel sérieux. L'anar-

chie de la production risquait d'amener la dépréciation du produit et de compromettre un des
éléments principaux de la force allemande : régu-
larisant la production et stabilisant ses prix, le
syndicat servait non seulement l'intérêt national,
mais avec lui l'intérêt personnel de l'État, béné-
ficiaire pour son propre compte de cette tenue
des prix. Le fisc prussien, pour ses charbonnages
de la Sarre, était un peu dans la situation privilégiée des houillères françaises et comme elles sa
politique était de tenir l'extraction en dessous de
la demande pour régler le prix de ses charbons
sur celui des centres plus éloignés, majoré des
frais de transport. Il les pouvait ainsi établir à
un taux supérieur, non seulement à ceux des
mines privées de la région, mais encore à ceux de
la Ruhr rendus dans la Sarre et même des autres
mines fiscales de Silésie (1) : cette politique restrictive, en même temps qu'elle retenait la métallurgie dans la région rhénane-westphalienne,
lui était à lui fort avantageuse ; les houillères de
la Sarre, en 1913, rapportaient 26 millions au
budget, celles de Silésie 25 (2).

Le succès du syndicat, le pouvoir qu'il prit ne
tardèrent pas à faire apparaître une menace
d'avenir, qui modifia les dispositions de l'État et
changea sa sympathie en réserve d'abord, puis
en hostilité.

Le cartell c'est le monopole et celui des houillères
rhénanes-westphaliennes le réalisait assez com-

---

(1) *Houillères de France*. Circulaire 4109.
(2) *Génie civil*, octobre 1915.

plètement puisqu'il était arrivé à réunir, en 1903,
plus de 98 0/0 de la production de ces houillères,
et qu'il équivalait à lui seul à plus de 60 0/0 de
la production totale de l'empire. Une entente
possible et peut-être facile avec les autres bassins
lui eût assuré la domination absolue du marché.
Ce pouvoir était par trop exorbitant, car il en
pouvait mésuser et certains indices laissaient croire
qu'il en voulait abuser. Déjà, au cours de la crise
de 1901-1902, le syndicat houiller n'avait que très
peu abaissé ses prix, et depuis il les relevait sans
arrêt d'un mark en 1906, de 2 en 1907, de 2 1/2 en
1908 ([1]). Cette hausse entraînait nécessairement
une hausse supérieure des prix de revient de
l'industrie, qui ajoutait aux difficultés de la conquête économique mondiale, où l'Allemagne
tournait son effort. De toute nécessité, il fallait
une contre-partie et, à côté du syndicat, un pouvoir modérateur : l'État allemand pensa justement
qu'une telle mission lui revenait ; quand une
industrie est en monopole, la défense des consommateurs opprimés par les producteurs ligués
n'est-elle pas un des devoirs de l'État ?

Aussi, malgré l'invite qui lui en fut faite, le fisc
prussien refusa-t-il nettement, en 1903, d'entrer
dans le syndicat. Bien mieux, il résolut de lui
faire contrepoids et de se mettre, dans le bassin
rhénan-westphalien, à la tête des mines dissidentes. A cet effet, il profita de la crise de 1902
pour acquérir en Westphalie un domaine houiller
de 30.000 hectares, qui allait faire de lui l'un

([1]) LIEFMANN, livre cité, p. 40.

des plus forts propriétaires houillers du bassin.

Ce domaine, comme la carte annexée le fait apparaître (¹), est en deux morceaux d'une égale superficie et séparés par une concession de même dimension appartenant à l'Hibernia ; à l'ouest, il était contigu à la Deutscher Kaiser de Thyssen, et c'était Thyssen, alors l'un des principaux dissidents, qui avait facilité cette acquisition en cédant au fisc prussien une de ses houillères et ses droits sur deux autres. Naturellement, l'État chercha à acquérir l'importante enclave de l'Hibernia, qui lui eût donné un domaine incomparable et l'eût mis du coup presque sur le même pied que Thyssen. En 1904, il fit donc faire par la Dresdner Bank une offre de 22 millions de marks à l'Hibernia, mais le syndicat, soupçonnant le but et les conséquences, porta la surenchère à 29 millions et l'offre de l'État fut rejetée. C'était la guerre déclarée

L'État y répondit, en 1905, par une loi suspendant pendant deux ans toute obtention de concessions nouvelles. Sans doute il cherchait par là à étendre son domaine au nord-est et à mettre la main sur les richesses minérales, encore intactes, de la rive droite de la Lippe en prolongement de ses houillères. Il fut encore distancé. Avant le vote de la loi, les principaux du syndicat, Kirdorf, Stinnes, Thyssen, Phœnix, Gutehoffnungs, Deutsch Luxemburg se rendaient acquéreurs d'une société internationale de sondages, qui, par spéculation, avait prospecté et acquis la conces-

sion d'un énorme morceau à l'extrême-nord-est
du bassin ; ils se substituaient à elle dans tous
ses droits et constituaient le consortium *Rhei-
nische Westphalische Bergwerksgesellschaft*, raflant
du coup 60.000 hectares de concessions et des
meilleures

L'État était « mis à genoux » ; son domaine
minier westphalien se trouvait encerclé. En représailles il fit voter la loi du 18 juin 1907 modi-
fiant le régime général des mines, dont le principal
objet était de « retirer à la libre disposition du
propriétaire, pour la réserver à l'État, l'exploitation des substances minérales », et de donner
pour trois ans à l'État une option sur 54.000 hectares. Il la leva seulement pour 45 000 et porta
ainsi son domaine à 34.000 hectares.

Dans cette lutte contre le syndicat l'État avait
fait alliance avec les mines dissidentes... Ensemble ils renforcèrent leur extraction : on vit
ainsi le chiffre, pour les mines fiscales westphaliennes, passer de 467.000 tonnes en 1903, à
2.814.000 tonnes en 1911 ([1]), et dans le même

---

[1] L'exploitation et les dépenses d'établissement des mines
fiscales westphaliennes furent assez considérables et donnèrent
un déficit assez sensible pour le budget : « Les mines fiscales westphaliennes sont toutes situées dans le nord du bassin où l'épaisseur
des morts terrains est très grande. L'exploitation doit donc se
faire à grande profondeur, elle est, par conséquent, soumise à des
aggravations de prix de revient résultant d'un outillage plus puissant, d'un boisage plus serré, d'une température plus chaude (la
journée de travail ne peut légalement dépasser 6 heures dans les
chantiers où la température excède 28 centigrades), d'un aérage
plus intensif. En outre, ces mines sont fort grisouteuses et doivent
respecter des prescriptions spéciales. Le prix de revient des mines
du Nord est donc plus élevé que celui des mines du Sud et le développement des premières serait fort compromis s'il n'existait
pas de syndicat. » (PILZ, livre cité).

temps celui des mines dissidentes aller de 1.296.000 à 6.718.000 tonnes (¹).

Cette coalition des mines dissidentes et de l'État constituait pour le syndicat un très grave danger, car cette menace s'ajoutait à la conquête intérieure, chaque jour accrue, au « grignotage » des mines de forges et à l'hostilité de plus en plus grandissante de l'opinion. Le syndicat avait donné, prise au mécontentement public par la hausse des prix qu'il provoquait et dont tous et chacun subissaient les effets. Le charbon qui, en 1893, avant la formation du syndicat, valait 7 marks, en coûtait 11 et demi en 1908 (²). Cette hausse pesait à la fois sur les petits ménages et sur les grandes industries qui, voyant s'élever leur prix de revient, étaient tenues de vendre de plus en plus cher sur le marché intérieur pour se rendre possible la concurrence sur les marchés extérieurs. D'où un renchérissement général de la vie et pour le public, naturellement malveillant envers ceux qui font de grands bénéfices, le plus juste motif d'irritation.

L'État avait donc l'opinion avec lui dans sa lutte contre le syndicat.

(¹) *Houillères de France.* Circulaire 4491.
(²) LIEFMANN, livre cité, p. 40. — Pilz, dans son étude citée, reconnaît qu'à la fin du xıxᵉ siècle le syndicat avait élevé ses prix de 25 0/0, mais il ajoute, comme circonstance atténuante, que dans les autres pays, et notamment en France, l'augmentation fut de 100 0/0.

IX

LES MÉTALLURGISTES EN BATAILLE
CONTRE LE CARTELL

Les étapes d'une conquête : les métallurgistes entravent d'abord les exportations houillères ; ils renforcent ensuite leurs participations et prennent ainsi la majorité : en 1909, la forge domine le charbonnage. — Le grand meneur de la bataille : Thyssen, ses audaces, Caen et Hagondange : il provoque l'émigration de la métallurgie vers le Sud-Ouest et bouleverse toute la politique métallurgique de l'État. — L'avenir industriel de la Westphalie est en jeu : pour tenir tête aux métallurgistes conjurés, le syndicat cherche à faire alliance avec l'État : celui-ci pose ses conditions ; Stinnes fait échouer la combinaison. — L'État écarté, le Syndicat compose avec les métallurgistes.

ES mines de forges, les premières, ouvrirent le feu contre le syndicat. Leur tactique fut d'entraver d'abord les exportations et de chercher ensuite, par un développement de leurs affaires et de leur consommation propre, un renforcement de leurs participations, qui leur assurerait la majorité dans le syndicat et leur livrerait ses organes essentiels.

Les deux opérations étaient liées. Cette prise de majorité par le renforcement des participations, c'est-à-dire de leur extraction propre, entraînait la restriction de la production du syndicat ; mais, s'il conservait la liberté de l'exportation, le syndicat déjouait le piège et gardait barre sur la métallurgie puisqu'il lui était toujours loisible de livrer ses charbons et surtout le coke à des prix diminués à la métallurgie française rivale.

Un incident servit à point les projets des mines de forges.

Le syndicat avait trop strictement réglé la production et il risquait, par le fait du manque de main-d'œuvre disponible, de se trouver, aux époques de grande activité économique, hors d'état de satisfaire aux excès subits de la demande.

C'est ce qui advint en 1907. Cette année, comme la précédente, avait marqué un vif mouvement industriel ; la demande s'accrut de plus de 8 0/0 et le syndicat ne put accroître sa production que de 1 0/0(¹). Loin de l'aider et de renforcer leur extraction, les mines de forges restèrent, au contraire, au-dessous de leurs participations : les prix haussèrent. Une vive campagne s'éleva contre le syndicat, qu'on accusait d'avoir amené la crise par l'excès de ses exportations ; il y eut interpellation au Reichstag, on réclama la mise d'un droit de sortie. Précisément le syndicat, peu après cette effervescence, ayant eu une insuffisance de vente sur le coke, en avait réduit la fabrication, ce qui, par répercussion, lui avait laissé un stock considérable de houilles, dont il

---

se défit par l'exportation. Les attaques reprirent
et le gouvernement, qui ne cherchait que ce prétexte, en profita pour supprimer les tarifs d'exception accordés par les chemins de fer pour les
expéditions houillères à l'étranger (¹). De leur
côté, les métallurgistes s'emparaient de la direction de la commission du syndicat chargée de
déterminer les tonnages à exporter; sur dix
membres, cette commission comprit sept maîtres
de forges (²).

L'exportation se trouvait ainsi, sinon entravée,
du moins limitée et sous le contrôle des mines
de forges : alors commença l'assaut décisif.

Les mines de forges, pour gêner le syndicat
et surtout pour lui interdire toute exportation,
avaient tenu leur extraction au-dessous du
chiffre de leurs participations, par suite elles faisaient vendre par le syndicat moins de charbon
qu'elles n'avaient pris l'engagement de lui en
livrer (³). Mais, dès que ces exportations eurent
été rendues moins avantageuses par le retrait des
facilités de transport, ces mêmes mines de forges
se mirent à renforcer considérablement leur extraction, en développant leur consommation propre ;
ainsi elles relevaient le chiffre de leurs participations et par lui leur influence dans le syndicat.
On les vit augmenter leurs établissements, en
créer de nouveaux, prendre le contrôle d'autres
affaires, ce qui renforçait autant leur consom-

(¹) *Houillères de France.* Circulaire 3854.
(²) *Forges de France.* Circulaire 309.
(³) *Houillères de France.* Circulaire 4253.

mation de charbon, exempte de redevances syndicales, et détournait les clients du syndicat.

Et alors que de 1903 à 1912 le chiffre de l'extraction totale des mines syndiquées s'élevait de 53.822.000 tonnes à 93.812.000 (¹), celui des participations de toutes ces mines, c'est-à-dire de leurs ventes par le syndicat, n'était allé que de 63.836.000 tonnes à 79.505.000. Si l'on fait la discrimination de ces derniers totaux de 1903 à 1909, il apparaît que les participations des mines de forges étaient montées de 13 à 23 millions et demi quand celles des mines simples n'avaient évolué que 53 millions et demi à 57 millions de tonnes (²). Du fait de leur exemption de redevances sur les tonnages consommés par elles, ces usines métallurgiques réalisèrent sur le syndicat un gain annuel qui, de 4 millions de marks en 1905, s'élevait en 1909 à plus de 11 (²).

Pour le coke c'était encore mieux ; là elles avaient réussi, en avançant la leur, à ramener en arrière la production syndicale. La convention de 1902 laissait les mines syndiquées libres de fixer elles-mêmes le contingent de leurs participations. Les mines de forges usèrent de la liberté : leur production de 1904 à 1909 passait de 1.480.000 tonnes à 6.150.000, tandis que celle des mines simples reculait, de 1907 à 1909, de 12 à 9 millions de tonnes (⁴).

(¹) *Houillères de France*. Circulaire 4721.
(²) PILZ, étude citée.
(³) *Houillères de France*. Circulaire 4368.
(⁴) *Houillères de France*. Circulaire 4368. — PILZ, étude citée.

Une telle position conférait à la métallurgie un avantage énorme au détriment des houillères simples. Pour celles-ci la situation devenait intenable, car, du fait de la surproduction de leurs associés métallurgiques, elles se voyaient obligées de régler leur extraction au-dessous du chiffre de leurs participations et même de cette extraction ainsi réduite le syndicat ne pouvait pas toujours assurer le débit. Ainsi en 1909, alors que le chiffre de participation des houillères simples était de près de 65 millions de tonnes, leur extraction dut être rabaissée à 57 millions et le syndicat n'en put même pas vendre 54 ; soit un déficit de 17 0/0 sur le chiffre de vente qu'elles étaient en droit d'escompter. Sous peine de disparaître elles devaient acquérir les mêmes avantages que leurs rivales : les grandes houillères s'annexèrent des usines ou s'associèrent à d'autres firmes métallurgiques.

Le mouvement de fusion de la métallurgie et des charbonnages s'accentua, mais la concentration se faisait sur la forge et dans le sens de l'absorption du syndicat.

Quand le syndicat s'était constitué en 1893 il groupait 93 adhérents ; en 1903, le nombre de ces fondateurs n'était plus que de 73, et, en 1909, de 47. Cette année 1909, sur 57 syndiqués, 12 assuraient plus de 56 0/0 de la production totale du syndicat. Et voici les noms de ces magnats des houillères : le groupe Haniel, avec 8.900.000 tonnes de participation et qui s'était annexé la firme métallurgique Gutehoffnungs. — la Gelsenkirchener, avec 8.500.000 tonnes, dont le président Kir-

dorf avait fait alliance avec Thyssen, — la Harpener, avec 7.300.000 tonnes, — la Hibernia, avec
5.400.000, — le Phœnix, firme métallurgique, avec
7.190.000, — le groupe Stinnes, avec 3.250.000 tonnes,
et qui contrôlait les hauts-fourneaux de la
Deutsch-Luxemburg, — Thyssen, mais seulement
pour la Deutscher Kaiser, avec 1.650.000 tonnes [1].

Le mouvement d'absorption continuait ; le
syndicat pour y mettre obstacle recourut aux
tribunaux : ce fut en vain. Précisément la Deutsch-
Luxemburg venait d'acquérir des houillères syndiquées et prétendait que cette acquisition, con-
férant à ces houillères le caractère de mines de
forges, les dégageait de toute obligation envers
le syndicat quant à la vente et les libérait de toute
redevance syndicale. Or le tribunal suprême de
Leipzig, fin 1906, déclarait cette prétention fondée
en droit. C'était le triomphe des mines de forges.

On peut dire que, dès 1908, le syndicat était
conquis en fait par la metallurgie. En totalisant
le tonnage des mines de forges et des mines
simples soumises à leur contrôle, les usines métallurgiques faisaient plus de 50 0/0 et les mines
indépendantes de ces usines seulement 42, et sur
onze membres composant le conseil de surveillance du syndicat, sept étaient administra-
teurs de sociétés métallurgiques [2]. La Deutsch-

---

[1] Pesren, livre cité. On constatait en même temps que cette
réduction du nombre des entreprises une réduction du nombre
des mines en exploitation. Le chiffre des sièges d'extraction,
de 172 en 1900, n'était que de 162 en 1908, de 156 en 1910 (*Houillères
de France*. Circulaire 4371).

[2] *Forges de France*. Circulaire 309. — Les *Houillères de France*

Luxemburg, le Phœnix, la Gutehoffnungs, et la Deutscher Kaiser de Thyssen avaient surtout coopéré à ce résultat.

De tous, Thyssen était le plus entreprenant, le plus tourmenté du désir de domination. Le dernier venu dans la métallurgie, il s'y était fait sa place un peu comme l'Allemagne s'était installée en Europe, dérangeant, gênant, bousculant les autres. Ce parvenu envahissant est certainement l'une des figures les plus curieuses, les plus extraordinaires même de l'Allemagne ; on retrouve en lui l'âme des conquérants, une audace sans égale et servie par une chance qui, en 1914, n'avait pas encore été infidèle. Un tel homme est terrible dans une association. Le fondateur de la Deutscher Kaiser fut en bataille constante avec le syndicat et, pour lui prouver sa puissance, il se mit à développer formidablement sa production et par les moyens les plus inouïs.

La Deutscher Kaiser, fondée en 1875, atteignait, en 1893, une production houillère de 332.000 tonnes, en 1903 de 1.689.000, en 1908 de 3.041.000, en 1913 de 4.348.000 (1) ; sa production de coke, de 732.000 tonnes en 1907, était de 1.054.000 en 1909 (2), de 1.300.000 en 1912. Et la Deutscher Kaiser n'exploite qu'à peine la moitié du domaine houiller de Thyssen.

(Circulaire 4510) déclarent, au contraire, que les mines de forges en 1911, assuraient 31 0/0 de l'extraction totale de houille du syndicat, 44 0/0 de la production de coke, 41 0/0 de la production de sous-produits.

(1) FUSTER, livre cité, Annexe, p. 8. — Houillères de France. Circulaire 4883.

(2) Houillères de France. Circulaire 4030.

Pour refréner une avance aussi immodérée, le syndicat crut nécessaire de faire définir dans une convention spéciale les limites et les bases de la consommation propre des mines de forges, car c'était sous ce couvert que se faisaient tous les dépassements d'extraction. Il fut ainsi convenu que « la consommation propre » comprendrait toutes les quantités de charbon, de coke et de briquettes consommées par les usines sidérurgiques ou par leurs annexes, étant reconnues comme telles les usines particulières dans lesquelles ces mines de forges auraient au moins 99 0/0 des parts sociales, et 75 0/0 pour les usines étrangères (¹).

On croyait avoir bridé Thyssen, il eut vite brisé ces lisières et, par un coup inouï, il jeta les bases en France même, sur le minerai normand, des hauts fourneaux de Caen dont il se réservait 75 0/0 des actions, et auxquels il assignait une production colossale de 900.000 tonnes de fonte, en vue desquels il pouvait amener, franches d'*umlage*, les 1.200.000 tonnes de coke nécessaires à leur alimentation, et avancer d'autant le chiffre de sa production houillère et son emprise sur le syndicat. Une telle création porta le trouble dans le monde houiller allemand autant que dans le monde métallurgique français, et elle aggrava encore le conflit entre les mines de forges et le syndicat.

En 1911, excédées de telles manœuvres, les mines simples réclamèrent la dénonciation de

(¹) Pilz, étude citée.

F. ENGERAND　　　　　　　7

conventions aussi fâcheuses et le renouvellement anticipé du syndicat pour faire payer l'umlage aux mines de forges sur les quantités livrées par elles à leurs hauts-fourneaux. Thyssen releva le défi et n'hésita pas à menacer de bousculer toute la politique métallurgique de l'Empire allemand.

On a vu la tendance de la métallurgie à émigrer de Westphalie dans la région du Sud-Ouest, vers le minerai lorrain, et l'effort du gouvernement pour empêcher une concentration métallurgique sur la frontière, dangereuse à tant d'égards.

Pour redonner un avantage à la métallurgie westphalienne, compromise par la qualité supérieure des minerais de Briey, le gouvernement avait abaissé les tarifs de transport de ce minerai en Westphalie, ce qui procurait à cette métallurgie un dégrèvement de 2 marks par tonne. Néanmoins la tendance persistait. La métallurgie lorraine réclama vivement comme compensation l'abaissement des tarifs de transport des cokes et surtout la canalisation de la Moselle et de la Sarre, qui eût élargi considérablement ses débouchés[1]; le mouvement contrarié aurait alors repris toute sa force, et la Westphalie eût été menacée de se voir désertée. Aussi le gouvernement impérial s'opposait-il énergiquement à des mesures qu'il jugeait gravement préjudiciables à l'intérêt national.

Thyssen ne s'embarrassa point de ces raisons : il fit le grand chantage. Par lettre publique à la Rheinisch-Westfalische Zeitung, en juin 1911, il

[1] *Houillères de France.* Circulaire 3626.

déclarait que l'industrie sidérurgique westphalienne, placée dans une situation moins avantageuse que celle du Luxembourg et de Lorraine, ne
saurait prospérer qu'à la condition d'avoir la
libre disposition des produits de ses houillères et
il faisait savoir à bon entendeur qu'à la grever de
charges nouvelles on l'inciterait à émigrer soit
vers le Luxembourg, où elle aurait les avantages
du Zollverein sans en connaître les charges lourdes,
soit vers la Lorraine où la main-d'œuvre était
à bon marché [1].

Dans le même temps le député Bassermann
réclamait au Reichstag la canalisation de la
Moselle et de la Sarre. Le gouvernement s'y opposa
énergiquement, signalant le préjudice qu'un tel
projet porterait aux hauts-fourneaux westphaliens et la concurrence redoutable qu'il suscite-
rait contre eux. Les régions intéressées s'émurent ;
la Chambre de commerce de Duisburg affirmait
qu' « étant donnée la tendance nettement discernable qu'ont déjà les usines de Westphalie à se
transporter dans la région du Sud-Ouest, la canalisation de la Moselle et de la Sarre aurait pour
conséquence certaine d'obliger l'industrie sidérurgique rhénane-westphalienne à émigrer dans
le bassin du Sud-Ouest afin d'y profiter de la
proximité des gisements de minerai de fer [2] ».
Le syndicat prit peur : la proposition des mines
simples fut écartée, mais Thyssen n'en avait pas
moins mis pour son compte la menace à exécu-

---

[1] *Houillères de France*. Circulaire 4238.
[2] *Houillères de France*. Circulaire 4396.

tion. Il avait déjà établi à Hagondange, entre Metz et Strasbourg, des hauts-fourneaux considérables et qui devaient jeter une masse de fonte sur le marché ; il persista dans ses projets et, au mois de juillet 1912, la presse allemande signalait que le groupe Thyssen avait loué dans le port de Strasbourg 45.000 mètres carrés et pris une option sur 30.000 autres pour y établir des stations de transbordement des houilles de la Ruhr et des fours à coke pour ses usines d'Hagondange ([1]).

Cette attitude énergique secoua la métallurgie lorraine : au début de 1912, après le rejet de la proposition Bassermann, les représentants des principales firmes du bassin de la Moselle et les maires et délégués des Chambres de commerce de Thionville, de Metz et de Strasbourg mettaient le gouvernement au pied du mur et lui offraient de couvrir l'amortissement du coût de la canalisation de la Moselle et de la Sarre ([2]).

La lutte des mines de forges et des houillères, on le voit, prenait des proportions singulièrement graves : l'avenir industriel de la Westphalie risquait d'en faire les frais.

La situation du Syndicat devenait intenable, car il avait, en plus, à faire face à la concurrence grandissante des mines non syndiquées, en tête desquelles étaient celles de l'Etat. L'extraction de houille par les mines dissidentes passa ainsi,

---

([1]) *Houillères de France.* Circulaire 4533.
([2]) *Houillères de France.* Circulaire 4425.

de 852.000 tonnes en 1903, à 5.492.000 en 1910, à 9.810.000 en 1912 ; pour le coke, c'était plus fort encore, et en quatre ans (1908-1912) la fabrication s'éleva de 192.000 à 2.527.000 tonnes. Le fisc prussien, de son côté, avait, sans regarder à la dépense, développé ses mines de Westphalie et intensifié l'extraction qui, de 830.250 tonnes en 1905, monta à 3.554.000 en 1912 (¹) ; en 1913, cette exploitation se traduisait pour le budget par un déficit, mais l'État prenait ainsi de plus en plus pied dans le bassin et se ménageait pour l'heure marquée par les événements une influence qui pouvait être décisive.

Le Syndicat, de toute évidence, ne pouvait tenir tête à la fois à ces deux assaillants ; il lui fallait choisir son ennemi.

En Allemagne, et peut-être ailleurs, la considération pour un adversaire est en proportion de la crainte qu'il peut inspirer, et cette mentalité motive des revirements, des changements de front autrement inexplicables. Le renouvellement des cartells fut presque toujours l'occasion de ces révolutions de conscience et d'attitude. C'est, en effet, l'occasion des améliorations et des augmentations de situations ; aussi, longtemps d'avance, chacun se prépare-t-il à faire augmenter son lot, à multiplier ses prises, exagérant en conséquence sa production pour justifier, le moment venu, l'accroissement qu'il exigera. Chacun faisant de même, chacun est ennemi à l'autre, *homo homini lupus*, jusqu'au moment où il aura reconnu qu'il

(¹) *Houillères de France*. Circulaires 4491, 4622, 4713.

a intérêt, au lieu de le combattre, à s'accorder avec son ennemi ; et l'on voit souvent de ces gens, hier prêts à s'étrangler et secrètement se demandant encore comment ils le pourraient bien faire, tomber dans les bras l'un de l'autre et devenir pour un temps aussi bons amis qu'ils étaient ennemis impitoyables.

Le Syndicat devait venir à expiration à la fin de 1915. Il jouait son va-tout ; il était clair que, s'il ne bridait pas les mines de forges, les houillères allaient devenir une dépendance de la métallurgie, et, comme celle-ci avait intérêt à se rapprocher du minerai, c'était l'avenir même du pays westphalien qui était en cause. Mais ici l'intérêt du syndicat se rencontrait avec celui de l'État, qui tenait par-dessus tout à maintenir la métallurgie en Westphalie et à empêcher cette concentration dans la région du Sud-Ouest, dont les agissements de Thyssen accentuaient singulièrement la menace.

Une alliance avec l'État était d'autant plus indiquée que son entrée et celle des mines dissidentes eussent renforcé la situation des mines simples dans le syndicat et changé la majorité. Le Syndicat avait donc intérêt à faire sa paix avec l'État et les dissidents : il n'hésita pas et, en 1912, fit des offres aux deux.

Les mines dissidentes, d'abord sollicitées, mirent à leur acceptation cette condition qu'une entente serait préalablement conclue avec les mines fiscales westphaliennes. Le fisc prussien alors subordonna son acceptation à toute une entente préalable dans la Sarre entre les mines fiscales et les mines

privées : ainsi l'État, ayant de par sa situation
même la grande majorité dans ce nouveau syndicat, pourrait tenir les prix de charbons de la
Sarre et par leur relèvement déjouer les entreprises des métallurgistes westphaliens émigrant en
Lorraine, au premier rang desquels, avec Thyssen,
était Stinnes, le président de la Deutsch Luxem-
burgische, administrateur de la Gelsenkirchen,
principal actionnaire des charbonnages de Sarre
et Moselle, et l'un des notables du syndicat rhénan-westphalien. De Stinnes dépendait le succès
de la combinaison (¹).

Les mines de forges, devant cette menace,
prirent peur et rabattirent de leur intransigeance.
En septembre 1912, elles faisaient savoir qu'elles
acceptaient de contribuer plus largement au paiement de l'*umlage* et des frais généraux du Syndicat ; elles abandonnaient également une partie
de leurs privilèges sur leur consommation propre
et notamment celui d'y faire participer les usines
étrangères dans lesquelles elles auraient 75 0/0
des actions (²).

Cette annonce de l'entrée de l'État dans le syndicat rhénan-westphalien n'avait pas ému que les
métallurgistes insurgés, elle avait pareillement,
mais pour une autre cause, inquiété l'opinion.
Celle-ci, accoutumée à se voir protégée par
l'État contre le cartell houiller et tenant son
indépendance au regard du syndicat comme la

(¹) *Houillères de France.* Circulaire 4404.
(²) C'est à ce moment qu'on vit Thyssen renoncer à sa conception initiale des hauts-fourneaux de Caen et y laisser la prépondérance aux intérêts français.

garantie essentielle de cette protection, s'effara
d'un tel abandon et que l'État apportât son appui à
un syndicat dont l'objet avait toujours été de
hausser les prix et sacrifiât ainsi les intérêts généraux du pays à ses intérêts particuliers de marchand de charbon ([1]).

Le gouvernement impérial n'était pas indif-
férent au sentiment des masses ; il tenait parfois
plus de compte de l'opinion que des gouvernements soi-disant d'opinion et autant que d'autres,
il avait le goût et le souci de la popularité. Stinnes,
dont l'indépendance était la rançon de l'entrée
de l'État dans le Syndicat, exploita très habilement ces dispositions.

L'État entrait dans le Syndicat sans doute pour
les raisons de haute politique que l'on sait, mais
aussi pour d'autres plus immédiates : ses mines
de Westphalie étaient déficitaires et il n'était
pas fâché, sans le vouloir avouer, de pouvoir profiter des prix élevés du Syndicat, à cette condition
toutefois que le public payeur ne s'en aperçût pas
et n'en fît point trop les frais ; aussi refusait-il
un relèvement direct et général, qui eût frappé
le charbon domestique, et réclamait-il seulement
la diminution des rabais consentis par les
houillères à la consommation industrielle ; il ne
marchait qu'à cette condition.

---

[1] On lit ainsi dans la *National Zeitung* (janvier 1912), organe
de la grande industrie : « Le fisc, qui devait rester le régulateur du
marché houiller, apporte au syndicat l'aide de sa puissance pour
orienter les prix vers la hausse, il abandonne ses devoirs envers
la collectivité et sacrifie les intérêts généraux du pays, dont il
avait la garde, aux intérêts particuliers de l'État producteur »
(*Houillères de France.* Circulaire 4412).

L'astucieux Stinnes, qui le savait, fit voter, le 14 octobre 1912, par le *Beirat*, un relèvement général de 60 pfennigs par tonne sur les prix de tous les charbons, d'où renchérissement du chauffage domestique. L'État, effrayé d'avoir à partager une telle responsabilité, retira son adhésion, et Stinnes, ayant écarté le gêneur, saluait ainsi sa retraite : « Acquérir de la popularité en la payant avec l'argent des autres, c'est là, même de la part de l'État, un procédé peu élégant ([1]) ! » Par un de ces retours curieux que présente par fois la politique ouvrière, le fisc prussien, parce qu'il était opposé à cette hausse des prix des charbons domestiques, eut à subir, en décembre 1912, dans ses propres mines, une agitation ouvrière des plus vives : le syndicat des mineurs chrétiens lui vota une grève de représailles ([2]) !

Les plans du Syndicat se trouvaient donc totalement changés ; il ne lui restait plus qu'à faire entente avec les mines de forges. On s'était copieusement et même assez vilainement battu, un péril commun prescrivait l'oubli et commandait le rapprochement...

([1]) *Houillères de France.* Circulaires 4592, 4623.
([2]) *Houillères de France.* Circulaire 4633.

X

EN VUE DE LA GUERRE :
L'UNION FORCÉE

L'expansion économique de l'Allemagne. — Les causes de son avancement industriel : les conditions de son établissement et le perfectionnement de son outillage la condamnent à la surproduction. — L'intensification de sa production amène l'intensification de son commerce national et de son commerce extérieur. — Ses moyens de concurrence extérieure : le malthusianisme économique des autres facilite la conquête commerciale allemande. — Dangers de cette politique : les pays envahis se défendent et les marchés continentaux se resserrent ; nécessité d'autres débouchés. — La politique commerciale de Guillaume II : l'Orient choisi comme terrain d'expansion. — La révolution balkanique renverse ces desseins ; la guerre résolue en fait en 1912.

De 1912 à 1914 l'industrie allemande passe du pied de paix au pied de guerre. — Position des houillères : le syndicat rhénan-westphalien fait sa paix avec les métallurgistes. — La guerre : le cartell veut abuser de la situation. — Le coup d'État du 12 juillet 1915 ; l'État fait la loi au cartell.

LES conquêtes économiques sont plus lentes que les militaires ; la victoire s'obtient plus vite sur les champs de bataille que sur les marchés et l'on a plus facilement raison des hommes que des choses. L'un des plus grands sujets d'étonnement de l'histoire sera assurément que l'Allemagne soit arrivée à l'hégémonie économique presque aussi rapidement qu'à la primauté politique ; en vingt ans elle a conquis cette prépondérance commerciale et industrielle que l'Angleterre avait mis un siècle à acquérir. La houille fut, comme elle l'avait été pour l'Angleterre, l'un des facteurs les plus décisifs d'une telle conquête.

Dix ans après sa victoire de 1871, l'Allemagne n'existait pour ainsi dire pas, industriellement parlant ; son avancement a pour point de départ la dernière décade du XIX° siècle : il n'est pas dans les annales économiques d'exemple de marche aussi foudroyante. En 1893, son commerce extérieur était de 7 milliards et demi de marks ; en 1913, il fut de près de 20 milliards ; ses exportations, dans le même temps, vont de 3 milliards et demi à 9 milliards. Si l'on envisage la houille et le fer, sur lesquels s'est spécialement portée notre attention, on constate que cette Allemagne, qui tirait de son sol 76 millions de tonnes de houille en 1893, en extrayait 191 millions en 1913 ; dans la même période sa consommation de minerai passe de 10 à 60 millions de tonnes, sa production de fonte de 5 à 19 millions, celle d'acier de 3 à 19.

Comment expliquer un tel débordement de production ?

D'abord par le moment où l'Allemagne entra dans la lutte économique. La science venait de bouleverser la technique et de rénover l'outillage, et elle eut ainsi, sans l'avoir cherché, l'avantage des maisons neuves sur les vieux établissements ;

elle fut mise sans délai ni tâtonnements dans le
plein progrès. Elle entra en lutte avec l'armement
le plus moderne contre des rivaux attardés dans
les vieilles méthodes et qui n'osaient et ne pouvaient peut-être pas jeter leurs armes vieillies
pour en prendre de neuves. Un Allemand l'a
reconnu : « L'unification politique et économique
de l'Allemagne a coïncidé avec le plus grandiose
progrès technique que l'humanité ait jamais vu,
et cette technique, fondée sur la connaissance
méthodique de la nature, correspondait précisément, de la façon la plus brillante, à l'un des
traits de notre tempérament national : l'énergie
exacte et laborieuse (¹). »

L'industrie allemande eut donc, d'un coup,
une avance technique, qui se trouva servie par
les magnifiques réserves houillères de son sol et
poussée par les qualités mêmes de la race ; mais
la médaille eut un revers.

Dans les autres pays, surtout en France et en
Angleterre, l'avancement industriel avait été le
fait d'une progression mesurée réglée par la
prévision à assez courte distance des besoins
nouveaux et, comme aussi par l'obsession de tenir
la production au-dessous de la consommation, de
produire peu pour vendre cher ; les bénéfices
accumulés, l'épargne industrielle avaient assuré
les développements successifs des entreprises, l'argent extérieur n'y avait pour ainsi dire point de
part. L'industrie allemande, au contraire, ne fit

(¹) M. HAUSER, *Les méthodes d'expansion économique de l'Allemagne* (1916).

point son établissement en considération des besoins du temps présent, mais en prévision de ces besoins dans un demi-siècle ; elle fut donc grand, très grand, peut être même trop grand. Elle se condamnait ainsi à une production dépassant les limites d'absorption du marché intérieur : outillée pour sur produire, il lui fallait, non plus le cercle limité de la consommation nationale, mais le cercle illimité de la consommation mondiale. Alors elle se heurtait aux autres, pénétrait chez eux pour les concurrencer, et devenait un sujet de trouble universel.

Déjà condamnée à la surproduction par la position même qu'elle avait prise, l'industrie allemande l'allait être plus encore par les charges qu'elle s'était données pour un tel établissement. Il y avait fallu, comme premiers frais, un capital fixe énorme, auquel devaient être faits des avantages importants : le revenu à lui servir était une charge considérable. Pour y pourvoir, la production devait être intensifiée, d'où besoin de grandes disponibilités de matières premières, d'une main-d'œuvre excessive (on retira dix millions d'ouvriers à l'agriculture) ; d'où encore nécessité d'un capital circulant presque aussi grand que le capital d'établissement. Pour dégager ce capital-là, il fallait produire sans arrêt ni recul, produire toujours plus, surproduire et vendre de même au fur et à mesure de la fabrication : aussi bien dans l'industrie et dans le commerce était concentrée la majeure partie de la main-d'œuvre nationale et les plus hautes raisons politiques interdisaient le chômage.

Pour un tel établissement, il avait bien fallu faire appel à l'argent extérieur, à l'épargne publique. Les banques furent les agents collecteurs de cette épargne ; elles raflèrent ce qu'elles purent en Allemagne et au dehors, mais ce ne fut pas suffisant, et la principale source, la France, leur était fermée.

Le développement industriel de l'Allemagne avait été quasi instantané et beaucoup plus rapide que la formation des capitaux ; force fut alors de remplacer l'argent par du papier. La banque se lia à l'industrie ; chaque industrie devint la succursale d'une banque, et chaque banque la commanditaire d'une série d'industries. Et cette commandite, comme la production, se faisait chaque jour plus forte : les réserves bancaires réalisables furent dépassées, on dut émettre plus de papier qu'on n'avait de fonds, accorder plus de crédits qu'on n'avait de gages. On en vint au système des « dépassements de crédits », des « crédits non couverts », la banque donnant à l'emprunteur non de l'argent, mais la faculté de tirer sur elle une traite remboursable à échéance convenue, et cet emprunteur, pour dégager cette traite, la faisant escompter et payer par une autre banque dans les mêmes conditions. M. Maurice Millioud affirme avoir vu, de ses yeux, des comptes de banques allemandes, qui, sur des crédits de 9 millions de marks, en présentaient pour plus de 1.600.000 de non couverts, et d'un mot frappant il a défini un tel système : « une immense circulation de dettes [1]. »

[1] MILLIOUD, La caste dominante allemande (1915), p. 107. —

L'énorme édifice industriel de l'Allemagne ne reposait pas sur des bases très sûres ; établi en trompe-l'œil, il tenait surtout par la force de la solidarité industrielle et bancaire, accrue par le prestige politique, car la caution de la Reichsbank était derrière. Mais c'était un peu comme ces superficies, vidées en dessous, et qui se maintiennent au-dessus de l'abîme, en dépit des lois de la pesanteur, par l'enchevêtrement et la liaison des racines... L'industrie allemande et la banque avec elle étaient dans la situation de ces maisons qui donnent pendant un plus ou moins long temps de gros dividendes, mais qui mangent le capital : elles ne tenaient que par le mouvement des affaires. Il fallait vendre incessamment, coûte que coûte, vendre pour produire, vendre pour vivre. L'arrêt de la vente eût été un arrêt de mort.

L'industrie ainsi condamnée à la surproduction à perpétuité, le commerce devait pareillement être intensif et sans arrêt. L'Allemagne renversa toutes les pratiques en cours, toutes les idées reçues. La production, jusque-là et chez les autres, réglait son allure sur les besoins constatés ou du moins prévus à brève échéance et, comme on l'a dit, avait généralement soin de se tenir au-dessous ; ce fut, au contraire, l'outillage qui commanda chez elle la production et multiplia les produits beaucoup plus vite que le nombre des consom-

Dans l'*Année économique* (1913-1914), M. Raffalovich indique que la moyenne de la circulation à découvert passa en Allemagne, de 281 millions de marks en 1899, à 550 en 1913 ; il cite qu'à cette date les huit grandes banques de Berlin, sur 2.912 millions de marks de crédit, en avaient 716 millions et demi de non couverts.

mateurs. Dès lors la vente dut se régler sur la production, au lieu de la régler : on évaluait avant la guerre à 60 ou 70 0/0 la proportion des produits de l'industrie allemande disponibles pour l'exportation (¹). Il fallait donc trouver des acheteurs à tout prix et par tous moyens : l'orgueil national qualifia de conquête mondiale cette chasse au client.

A cette fin l'Allemagne se mit non seulement en marge des lois économiques, mais en insurrection contre elles. Elle déboulonna le vieux dogme de la concurrence, ou plutôt substitua au régime de la concurrence intérieure celui de la concurrence extérieure. Réalisant l'union entre producteurs et vendeurs nationaux, elle réserva l'effort de sa concurrence contre les producteurs et vendeurs étrangers et cette concurrence dédaigna toutes les conventions en cours.

Les principales étaient qu'il n'y avait pas plus de production pour la production que d'art pour l'art, que la production et le commerce s'exercent en vue du bénéfice et non pour la simple satisfaction de produire ou de vendre, que le prix du produit est en proportion de l'éloignement de l'acheteur, et que, par suite, le produit national doit coûter moins à l'indigène qu'à l'étranger. L'Allemand bouleversa ce nationalisme économique : *il institua ce système de produire beaucoup et de vendre assez cher chez lui pour vendre à bon marché au dehors, au besoin même au-dessous du prix de revient.*

(¹) H. HAUSER, livre cité, p. 48.

Il faut bien reconnaître que les producteurs
étrangers, et spécialement ceux de France, avaient
singulièrement facilité cette invasion par leurs
habitudes de production restreinte et de moindre
effort, par ce malthusianisme économique, qui
permettait des fortunes rapides, mais qui, oppri-
mant le consommateur, appelait inévitablement
une contre-partie.

L'Allemagne se mit dans chaque pays avec le
consommateur jugulé contre le producteur national par trop égoïste ; elle s'y fit sa place
comme le grand magasin qui vend à perte certains articles et se rattrape sur la masse en
mettant ses produits à des prix assez rémuné-
rateurs, mais que la production nationale, pa-
resseusement attardée, se refusait à consentir.

C'est ainsi qu'elle comprit la guerre économique, réalisant en somme la maxime formulée
par Fénelon : « Le vrai moyen de gagner beaucoup est de ne vouloir jamais trop gagner et
de savoir perdre à propos » (1).

Elle prépara cette guerre avec autant de soin
et aussi peu de scrupules que l'autre : le pays
visé fut envahi d'Allemands qui, endossant sa
nationalité sans perdre la leur, y abusaient de
l'hospitalité pour détourner la clientèle, féroces
pour les vendeurs, attentionnés et aux petits soins
pour les acheteurs, et leur consentant des crédits
demesurés (2).

Au fond, c'était là un vaste expédient plus

___

(1) *Télémaque*, livre III.
(2) Le commerce de l'Allemagne avec les pays ennemis était

qu'une politique, et le paradoxe est souvent
corrigé par les faits. Cette pratique des longs crédits et des ventes à bénéfices insignifiants obligeait d'abord à un recours de plus en plus fort
au crédit et à un crédit de plus en plus artificiel,
— et surtout elle avait un terme, un point d'arrêt
inéluctable, qui était celui où le marché intérieur
ne pourrait plus faire les frais de l'affaire ni supporter ce relèvement continu des prix qu'exigeait
ce développement du commerce extérieur.

Ce moment se rapprochait. L'un des éléments
essentiels de la production, le minerai de fer, faisait de plus en plus défaut ; les gisements d'Allemagne diminuaient non seulement en quantité
mais en valeur : armature de l'industrie, la
métallurgie allemande payait de plus en plus
cher les minerais dont il lui fallait s'approvisionner au dehors et voyait ainsi son prix de revient s'élever.

Il fallait aussi prévoir que les marchés ainsi
concurrencés se défendraient et renforceraient
la protection de leurs douanes : car c'était avec
ses ennemis politiques que l'Allemagne faisait
le plus de commerce (¹). Assurément elle avait
le meilleur moyen de retarder cette éventualité :
une force militaire au-dessus de tout et dont la
menace était la plus sûre intimidation. Mais là
encore il pouvait arriver que les peuples les moins
querelleurs et les plus résignés, ayant le choix

en 1913, de 7 milliards 827 millions ; avec ses alliés de la guerre
elle ne faisait, par contre, que 2 milliards 661 millions. (Voir sur
ce point, dans le *Journal des Débats* du 24 janvier 1916, un rema-
quable article de M. André Liesse.)

entre la ruine et le conflit, se résignassent à accepter le risque suprême.

Le marché continental n'était donc ni durable
ni sûr ; les colonies que l'Allemagne s'était données n'avaient pas un pouvoir d'absorption suffisant ; un champ d'expansion extra-européen était
nécessaire. Son empereur choisit l'Asie et fit de
cette pénétration par Bagdad jusqu'au golfe Per-
sique la grande pensée de son règne ; des débouchés illimités seraient ainsi ouverts à l'industrie
allemande, qui permettraient un développement
indéfini de sa production et, par la maîtrise industrielle du monde, donneraient à tout son édifice
économique la base stable qui lui faisait défaut. L'Allemagne devait refaire son crédit en
Orient.

La politique impériale eut, depuis 1899, cette
direction et fut toute tournée vers cette gigan-
tesque conquête.

En 1912, l'Allemagne industrielle était arrivée
au maximum de son effort et sa résistance commençait à fléchir. L'alerte manquée d'Agadir
avait porté un premier coup sérieux au crédit
allemand et dévoilé sa fragilité : la seule perspective de la guerre avait entraîné un commencement
de débâcle. L'élévation des prix sur le marché
intérieur, — rançon du *dumping*, — amenait un
renchérissement de la vie, qui, portant sur l'ouvrier, obligeait à un relèvement incessant des salaires, d'où charge nouvelle pour l'industrie et qui
rognait encore la marge déjà restreinte de son
bénéfice. Et malgré tout le prix des vivres augmentait beaucoup plus que le taux des sa-

laires (¹) ; en 1912, l'entrée au Reichstag de 110 so-
cialistes avait manifesté clairement que la limite
du renchérissement était atteinte

L'Allemagne voyait son bénéfice diminuer en
même temps que son tonnage augmentait. La
situation était différente en Angleterre, dont
l'industrie allemande voulait prendre les positions L'Anglais dédaignait cette politique d'es-
brouffe, dont il ne connaissait que trop le péril,
l'ayant inventée (²). Il cherchait le bénéfice plus
que le tonnage et il ne lui convenait pas de se
grever pour vendre à perte aux autres. Il préfé-
rait vendre moins et gagner plus, et, dans le même
temps où l'Allemage remportait ses colossales victoires de tonnage sur l'Angleterre, on pouvait
voir la valeur du mouvement commercial augmenter en Angleterre plus qu'en Allemagne (³) :
le prix moyen des marchandises passait en Angleterre de 100 (période 1890 à 1898) à 111 (1900-
1910), à 122 en 1911, — quand, du même point
de départ, il montait, à cette dernière date, à
139 en Allemagne ; mais aussi, à cette même

_____

(¹) En 1900, égalité à 100 des vivres et des salaires ; en 1912,
les vivres à 135, les salaires à 116 (MILLIOUD, livre cité.).— En
mai 1912, M. Georges Blondel rapportait d'un nouveau voyage en
Allemagne l'impression d'un malaise dans toutes les classes de la
société : « Le sentiment universel d'appréhension dont j'ai recueilli
bien des preuves, déclare-t-il, est accru par un renchérissement de
la vie qui provoque de vives doléances dans toutes les classes de
la population : c'est une des questions dont on m'a le plus parlé »
(Les Embarras de l'Allemagne, Plon, 1912, p. 113). — Voir aussi les
lumineuses études de M. HENRI MOYSSET réunies en volume, chez
Alcan, sous le titre : L'Esprit public en Allemagne.

(²) HAUSER, livre cité, p. 115.

(³) De 1890 à 1910, l'accroissement de la valeur du mouvement
commercial fut de 75 0/0 en Allemagne, de 79 0/0 en Angleterre
(MILLIOUD, livre cité, p. 135).

date, le prix des denrées alimentaires était à 114 en Angleterre, à 142 en Allemagne ([1]).

L'Angleterre tenait le meilleur bout ; sa position financière et industrielle était saine, à l'abri de toute crise, et elle répondait à l'envahissement des produits allemands par des menaces protectionnistes. La France, après les coups de Tanger et d'Agadir, découvrait le travail de pénétration allemande, le détournement des richesses de son sol et de son sous-sol, et commençait à vouloir défendre son territoire et sa production. La Russie prenait des mesures de défense qui risquaient de porter à l'agriculture allemande un coup mortel. Par ses façons d'agir, l'Allemagne avait suscité chez ses principaux acheteurs de l'Europe une poussée nationaliste ; les marchés continentaux se disposaient à se fermer ; si l'on peut risquer cette comparaison, cette Allemagne était sous menace d'occlusion et d'être étouffée par sa production. L'issue était en Asie par les Balkans.

En 1912, les affaires des Balkans dérangèrent tous ces plans : la Serbie se mettait en travers du chemin de Bagdad ; l'union balkanique semblait se faire contre l'Allemagne C'était l'effondrement de tout l'édifice : la Bourse de Berlin ne s'y méprit pas, l'argent se resserra de façon menaçante. L'ère des grandes guerres européennes fut ouverte par le roi du Monténégro, le 12 octobre 1912. Sur le coup, et ce mois même, l'Allemagne décidait le relèvement de ses effectifs

---

([1]) MILLIOUD, livre cité, p. 123.

militaires (¹), et il semble que l'industrie allemande ait compris qu'elle ne pouvait être sauvée
d'une catastrophe que par une guerre : 1913 fut
pour elle le passage du pied de paix au pied de
guerre. Le gouvernement allemand acheta ce qui
était à vendre ; la Serbie restait irré-ductible ; à
deux reprises, en 1913, on projeta de l'anéantir...,
le coup manqua...

(¹) Cette hypothèse que j'avais faite en 1916, où ces articles
parurent dans le *Correspondant*, a été, depuis lors, vérifiée par les
affirmations de Thyssen, dans une brochure qu'il publia en août 1918
et qui fut divulguée par le Dr R. Onsum dans l'*Aftenposten* de
Christiania, du 8 septembre 1918. En voici quelques extraits particulièrement suggestifs.

« En 1912, la maison des Hohenzollern considérait que la guerre
était devenue une nécessité pour maintenir le système militaire sur
là puissance duquel elle s'appuyait. Cette année-là, la maison
impériale, si elle l'eût désiré, eût conduit la politique extérieure
du pays de telle sorte que la paix en Europe aurait été assurée
au moins pour cinquante ans. Mais une prolongation de la paix eût
signifié un écroulement du système militaire, et, par là même, de
la puissance des Hohenzollern. L'empereur et sa famille le comprirent clairement et, en 1912, ils étaient décidés à une guerre de
conquête. Mais pour la mener à bien, ils devaient avoir l'appui du
monde commercial et industriel allemand ; aussi fit-on miroiter à
ses yeux tous les grands avantages qu'une telle guerre lui procurerait... De fortes indemnités de guerre devaient être imposées aux
nations vaincues et les heureux hommes d'affaires allemands auraient, par là, échappé pendant plusieurs années à l'obligation de
payer des impôts. Ces promesses n'ont pas été données à la légère.
Elles ont été formulées dans des termes précis par Bethmann-
Hollweg, à l'instigation de l'empereur, au cours de conférences
avec des hommes d'affaires, et, dans bien des cas, elles ont été
faites personnellement à certains d'entre eux, et sur des protocoles
du ministère des Affaires étrangères.

« Les promesses ont été confirmées par l'empereur lui-même, en
trois occasions successives, en 1912 et 1913, alors qu'il était présent
à de grandes réunions privées d'hommes d'affaires, tenues à Berlin, Munich et Cassel. J'étais moi-même présent à une de ces réunions... D'après les promesses de l'empereur, la victoire devait
être acquise en décembre 1915 et la promesse me fut donnée,
ainsi qu'à d'autres gens industriels d'Allemagne, dont on désirait
obtenir de l'argent pour la caisse de guerre de l'empereur, que
tout leur serait alors remboursé... » (Ministère de la Guerre et des
Affaires étrangères, *Bulletin quotidien de presse étrangère*, 17 septembre 1918).

Peut-être la guerre de 1914 fut-elle, dans la pensée de l'Allemagne industrielle et financière, l'incendie opportun qui sauvera une maison compromise de la faillite et peut-être de la banqueroute.

Les houillères furent moins que les autres éprouvées par ce resserrement de l'argent et par cette inquiétante crise de crédit. Elles avaient la base la plus sérieuse et un capital foncier au-dessus de toute atteinte ; leurs affaires n'étaient-elles pas gagées par une matière première abondante, précieuse, de toute nécessité ? Pourtant elles ne furent pas épargnées ; elles eurent le contre-coup mais souffrirent surtout par réciprocité.

Les crises mettent les affaires au point, leur donnent leur coefficient réel et les dégagent, pour un temps, de la tromperie, de la réclame intéressée, du bluff, qui avaient pu enfler leur mérite. La spéculation s'était exercée sur les charbonnages sans assez de retenue et avait exagéré leurs positions : les actions bénéficièrent de hausses qui n'avaient rien d'anormal, mais la mesure fut dépassée pour les parts (¹), qui subirent, en 1913, un assez sérieux déchet (²).

(¹) R. Liefmann, livre cité, p. 49. Ainsi l'on avait pu voir, de 1893 à 1909, celles de la *Bismarck* aller de 12.000 à 78.000 marks ; celles de l'*Ewald*, de 7.000 à 34.000 ; celles de la *Konig Ludwig*, de 3.200 à 32.000, etc.

(²) Rapport de la banque Stern, de Dortmund (*Houillères de France*, Circulaire 4901). Au 31 janvier 1913, on pouvait ainsi constater, sur les cours du 1er janvier de la même année, une perte de 42 millions de marks sur les parts des 35 sociétés minières cotées à la Bourse d'Essen. Quant aux actions, les plus sûres, comme Gelsenkirchen, enregistrèrent une baisse de 8 à 10 0/0.

En somme, l'industrie houillère, en 1913, eut
à souffrir surtout du malaise général des affaires et de l'incertitude de l'avenir. « 1913 peut
se caractériser ainsi, lit-on dans le rapport sur cet
exercice du Syndicat rhénan-westphalien : la
production et le commerce extérieur ont continué
à progresser d'une façon importante ; les capitaux se sont resserrés et les prix ont commencé
leur mouvement de baisse (1). » — « L'incertitude persistante de l'horizon politique, de même
que la situation du marché monétaire causent
des préoccupations », déclarait pareillement le
rapport du *Phönix* (2).

On avait la sensation que cette année 1913
était une éclaircie entre deux orages et que le
plus fort n'était pas venu. Et, pour ajouter l'ironie au mal, cette année, qui pour l'Allemagne
s'achevait sur d'aussi défavorables impressions,
avait été magnifique pour l'industrie anglaise et
spécialement pour le commerce des houilles ; la
demande pour l'exportation y avait été constamment excellente (3).

Le danger commun réunit le Syndicat rhénan-
westphalien et les métallurgistes ; la paix se fit sur
les bases suivantes : relèvement des participations
pour les houillères simples, relèvement du contingent de consommation propre pour les mines
de forges. Les houillères simples purent ainsi accroître leur extraction de 3.215.000 tonnes et les

(1) *Houillères de France*. Circulaire 4964.
(2) *Houillères de France*. Circulaire 4811.
(3) *Houillères de France*. Circulaire 4878.

mines de forges de 1.851.000 ([1]). Mais ce relèvement de production, coïncidant avec la gêne
industrielle, amena une diminution des prix, de
2 marks sur les cokes, d'un mark sur les principaux charbons. Et le Syndicat se vit forcé de
réduire d'un mark la prime de 2 marks 50 qu'il
accordait sur chaque tonne de cokes de haut
fourneau consommée dans la fabrication des produits sidérurgiques exportés ([2]) : grave décision,
puisqu'elle réduisait si fortement le taux de ces
primes d'exportation, qui permettaient le mieux
la concurrence extérieure.

Au cours du premier semestre de 1914, la production de la houille subit une diminution progressive et assez modérée, mais celle de la fabrication du coke fut considérable — dans les cinq
premiers mois de 1914, pour le Syndicat rhénan-
westphalien, de deux millions de tonnes, par rapport aux chiffres des mois correspondants de
1913, où elle était déjà en diminution ([3]).

La guerre survint. Les houillères y virent une
aubaine et l'occasion de sérieux profits, et, alors
que l'extraction des mines de forges demeurait
égale et que la fabrication du coke augmentait à
raison de l'importance prise par les sous-produits,

([1]) *Houillères de France*. Circulaires 4800 et 4883. — Les mines
de forges les plus avantagées furent Krupp et la Deutscher Kaiser
de Thyssen, dont les coefficients de consommation furent relevés
de 291.000 et de 265.000 tonnes.

([2]) *Houillères de France*. Circulaire 4847.

([3]) *Houillères de France*. Circulaires de 1914 et 1915.

([4]) Les détails de cette dernière partie ont été pris d'une très
remarquable étude, parue sous les initiales : M. S. dans le *Génie
civil* du 9 octobre 1915, sous ce titre : « L'Industrie houillère en
Allemagne : les syndicats forcés. »

l'extraction du Syndicat tomba de 102 millions
de tonnes en 1913 à 85 millions en 1914, à 74 millions en 1915 — soit à cette dernière date une
diminution de près de 28 millions de tonnes et de
près de 30 0/0 sur l'extraction d'avant la guerre ([1]).
La conséquence forcée d'une telle restriction fut
la hausse des prix, de 2 à 3 marks par tonne de
houille, de 2 marks par tonne de coke.

Une pareille situation risquait de détraquer
toute la production industrielle, et à un moment
où elle devait donner son maximum d'activité.
L'État allemand vit le danger.

Le Syndicat rhénan-westphalien arrivait à renouvellement à la fin de 1915, et les intéressés
s'apprêtaient à le faire sur des bases nettement
défavorables à l'industrie et au consommateur.
C'était une menace d'un trouble public, d'un
désordre national. Un coup d'État était nécessaire ; il ne se fit pas attendre.

Le 12 juillet 1915, une ordonnance du Conseil
fédéral (*Bundesrath*) décrétait la formation forcée
de comptoirs de vente, sous le contrôle de l'État,
pour le cas où les milieux intéressés n'arriveraient
pas, avant le 1er septembre, à constituer un syndicat volontaire, comprenant plus de 97 0/0 de
la production totale et « s'engageant à sauve-
garder les intérêts publics ». Or, un tel syndicat
ne pouvait se faire sans les mines fiscales : l'État
avait, en effet, depuis la guerre, mis la main
dans le bassin westphalien sur la mine Hiber-

([1]) Voir à ce sujet les bulletins nos 3365, 3367, 3373 du *Comité
des Forges de France* et la Circulaire 5138 du *Comité des houillères
de France*.

nia, depuis si longtemps l'objet de sa convoitise et que le Syndicat l'avait empêché d'acquérir ; il était devenu, du coup, le plus fort exploitant houiller de Westphalie.

C'était la carte forcée : l'État entrait en maître dans le Syndicat, et en position d'y dicter ses conditions : ce qu'il fit en imposant que toutes les fois qu'une minorité de 30 0/0 se serait prononcée contre une élévation ou pour un abaissement des prix, le gouvernement aurait le droit de décider en dernier ressort.

L'État faisait ainsi la loi au cartell, estimant que la raison du plus fort devait être la meilleure, et l'effort surprenant que l'industriel allemand réalisa, au cours de cette guerre, témoignerait assez que cette vue ne fut peut-être si mauvaise...

C'est ainsi qu'au cours de la guerre, en Allemagne, l'intérêt général subordonna à une discipline nationale les intérêts particuliers.

DEUXIÈME PARTIE

LA
POLITIQUE MÉTALLURGIQUE
DE L'ÉTAT ALLEMAND

———

I

LA VOCATION MÉTALLURGIQUE
DE LA LORRAINE

Le bassin ferrifère de Lorraine : les « minettes » phosphoreuses et leur inaptitude métallurgique. — Tendance de la métallurgie française à se concentrer en Lorraine, malgré le désavantage résultant de la main-mise de la Prusse sur les houillères de la Sarre.

La frontière du traité de Francfort. — Le rapport Hauchecorne sur les mines de Lorraine ; l'erreur de l'état-major allemand dans la rédaction des préliminaires ; comment Bismarck la répare. — La frontière coupe en deux le bassin lorrain et laisse à la France la zone principale des minerais phosphoreux.

L'annexion de la Lorraine donne aux métallurgistes westphaliens la plus redoutable concurrence : la métallurgie allemande doit naturellement se concentrer dans la région du Sud-Ouest, à proximité de la frontière lorraine, sur le minerai et le charbon. — Situation incomparable des Wendel, qui se voient les premiers et les maîtres de la métallurgie allemande.

L E bassin ferrifère de Lorraine s'étend sous les hauts plateaux d'entre la Moselle et la Meuse ; il part des hauts de Moselle, se dirige en profondeur vers l'Ouest, et pousse ses extrêmes racines jusqu'à Verdun, qui en est comme l'aboutissement. C'est le dernier compartiment, l'extrême avancée du bassin parisien.

Dans son état actuel, il présente la forme d'une pyramide renversée dont la base, au Nord, s'étend de Longwy à Dudelange. La ligne presque droite des coteaux de la Moselle forme le côté Est, de Dudelange, son point de départ, à Novéant, au confluent du rupt de Mad et de la Moselle, c'est-à-dire au point précis où la Moselle quittait la France : là est la pointe de la pyramide. Le côté Ouest est fort irrégulier : il présente trois promontoires très accentués à Brainville-Droitaumont, à Dommary-Amermont, à Bazailles. La partie française du bassin — dite de Briey — s'arrête un peu au-dessous de Metz ; la partie annexée descend plus bas. Trois rivières le traversent dans tout son développement : la Chiers, la Fentsch, l'Orne. Il a comme superficie 90.000 hectares, dont 27.000 en Lorraine annexée.

Un géologue seul pourrait prendre parti sur les diverses hypothèses émises quant aux origines et au mouvement de la formation — ce qui n'est pas notre cas. Disons seulement qu'il semble acquis que les affleurements sont dans la partie Est et Nord ; que la couche de fer va dans la direction du Sud-Ouest en profondeur ; qu'elle a plusieurs couches dont d'ordinaire trois sont exploitables ; que les plus fortes épaisseurs ont été reconnues dans la vallée d'Orne, principalement à Hayange et à Moyeuvre ; que, par contre, la teneur en fer du minerai est de trois ou quatre points supé-

rieure dans la partie française du bassin ; enfin que
dans la partie annexée on constatait depuis plus
de dix ans un appauvrissement du minerai, qui
n'était pas moindre de 4 0/0 ([1]).

En 1870, l'importance de ce bassin lorrain
n'était soupçonnée ni par les métallurgistes et
ingénieurs de France, ni même par ceux d'Allemagne. Nos maîtres de forges classaient les minerais en deux catégories d'emploi fort distinct :
les minerais de fer fort, d'une richesse et d'une
qualité exceptionnelles, exempts de phosphore et
presque exclusivement réservés à la fabrication
de l'acier ; — les minerais de fer tendre, les ooli-
thes, vulgairement dénommées « minettes » qui,
par l'effet du phosphore dont elles étaient impré-
gnées, donnaient des fers moins tenaces et souvent cassants, les fers marchands réservés aux
usages communs.

Les minerais de fer fort étaient demandés surtout à l'Algérie ; le plus fameux gîte était Mokta-
el-Hadid, sur lequel le Creusot avait des droits :
leur rendement était de 68 0/0, aussi le coût en
était élevé et élevait par suite le prix des aciers,
rendant impossible à nos métallurgistes toute
lutte avec l'Angleterre sur les marchés étrangers
et les obligeant à chercher de plus en plus la per-
fection du produit pour justifier de tels prix. La
Lorraine avait pourtant une assez grande abondance de ces minerais ; ils se trouvaient surtout
dans la partie supérieure de la formation, aux

([1]) A. PAWLOWSKI, *Le développement minier et métallurgique dans l'Est français, le Luxembourg, l'Alsace-Lorraine et la Belgique* (Paris, imprimerie Cadot, 1913), p. 115.

affleurements, ramassés dans des dépôts, d'où leur appellation de minerais d'alluvion ; il y en avait ainsi à Longwy, il y en avait surtout dans les bois communaux d'Aumetz, où les hauts-fourneaux utilisaient encore le bois des forêts de la Moselle.

Les « minettes » étaient plus copieuses et l'on était loin et très loin alors d'en soupçonner tout le développement. Ce minerai était considéré comme insignifiant, sa teneur était de 28 à 30 0/0 : en dehors de Moyeuvre et d'Hayange, on ne le tirait guère que du nord de la Moselle, entre Longwy et Ottange ; le meilleur point était sur la frontière du Luxembourg, non loin d'Esch-sur-Alzette (¹). L'exploitation des « minettes » était localisée aux affleurements ; les frais d'exploitation en profondeur eussent été hors de proportion avec la valeur du minerai : quand ceux de Mokta coûtaient 39 francs la tonne, les « minettes » lorraines, rendues au haut-fourneau, revenaient au grand maximum à 3 francs, et même à Hayange à 1 fr. 40 (²). En 1870, la « minette » n'était donc qu'un caillou supérieur.

Pourtant, quelques métallurgistes français, plus préoccupés de l'avenir de leur industrie que du

(¹) LEMONNIER, *Coup d'œil sur la métallurgie du fer dans l'est et le sud-est de la France* (Paris, Lacroix, 1869). — « A partir de Longwy et en revenant vers le sud, la couche oolithique cesse d'être économiquement exploitable, mais elle ne cesse pas d'exister, car on la retrouve à nouveau en se dirigeant vers l'est, vers Hayange..., de ce point jusqu'à Nancy on la rencontre dans toute la vallée de la Moselle, sauf de rares interruptions, et partout à des niveaux suffisants pour que l'exploitation puisse se faire par des galeries débouchant à ciel ouvert » (P. 32).

(²) D'AVENEL, *Mécanisme de la vie moderne* (Paris, Colin, 1896), p. 101.

train ordinaire de leurs affaires, recherchaient le moyen d'utiliser plus complètement ces « minettes » phosphoreuses ; cette préoccupation se manifesta surtout à Longwy ([1]). Cette utilisation des minerais phosphoreux avait été scientifiquement démontrée comme possible : dans une expérience célèbre, Gruner, à l'École des mines de Paris, avait obtenu l'élimination du phosphore de la fusion, et, en 1870, une maison d'Ivry avait même appliqué la découverte ([2]). En 1869, un maître de forges français faisait cette constatation intéressante : « Les fontes qui proviennent des minerais de Longwy donnent malheureusement des fers un peu cassants, et le seul but des maîtres de forges est et doit être de diminuer cette tendance fâcheuse ; les progrès réalisés à ce jour permettent d'espérer une solution complète de ce problème difficile dans un avenir peu éloigné ([3]). »

Cette solution était d'autant plus désirable que la métallurgie française, qui de plus en plus se mettait sur le minerai lorrain, se trouvait dans une position assez peu avantageuse, mal partagée pour les transports et les débouchés, et pour partie sous la dépendance de l'État prussien quant à son combustible.

Un siècle seulement après l'Angleterre, et sans

([1]) A Longwy la formation ferrugineuse offrait cette particularité que la couche supérieure avait un minerai dépourvu de phosphore, mais assez pauvre en fer, tandis que dans les couches plus profondes le minerai était phosphoreux, mais fort riche en fer ; la différence de teneur était de 28 à 40 0/0.

([2]) LAURENT, L'industrie métallurgique (Musée social, avril 1 2).

([3]) LEMONNIER, livre cité, p. 41.

renoncer encore à l'espoir de revenir au charbon
de bois, la métallurgie lorraine s'était décidée à
substituer le coke au combustible végétal. Longwy
demandait son charbon à la Belgique, toutes les
usines de la Moselle aux houillères de la Sarre et
de la Ruhr, et le prix en était très élevé.

Les houillères de la Sarre, depuis 1815, étaient
possédées et exploitées par le fisc prussien ; par
suite de la moindre distance et des facilités de
transport, la métallurgie lorraine avait intérêt à
s'y approvisionner, et l'État prussien profitait de
la situation pour mettre sur le carreau de la mine
son prix au taux du prix de vente du charbon
français.

Or le prix des charbons français était très
supérieur à celui des autres pays (¹). Dans le
calcul du prix de revient, les houillères françaises
étaient seules à introduire l'intérêt du capital
compté à 10 0/0, ce qui élevait ce prix de revient
de la tonne à 8 fr. 25, au lieu de 5 fr. 35 dans la
Ruhr, de 4 à 6 francs en Angleterre. A ce chiffre
s'ajoutait un scandaleux droit de douane de
1 fr. 20, — toujours maintenu depuis, même pendant cette guerre ! — et qui portait à 10 fr. 50 le

---

(¹) LEMONNIER, livre cité, p. 74 et s. — L'auteur concluait ainsi,
— en 1869, qu'on ne l'oublie pas : « Si la métallurgie du fer voit
diminuer sa prospérité, la cause en est entièrement dans le prix
élevé de nos houilles. Que l'on nous donne la houille au prix de
l'Angleterre et nous demanderons le libre-échange, loin de solliciter
une protection quelconque qui ne sert, en définitive, qu'à compenser cette infériorité. *La solution du problème industriel est tout
entière dans ces mots : la houille française à bon marché* ; hors de là,
tout est factice ou injuste ; le producteur et le consommateur ont
des droits égaux qu'il faut ménager. *Pourquoi ne pas permettre
l'entrée en franchise des houilles étrangères, au moins en quantité
proportionnelle à ceux des produits de notre métallurgie qui sont
destinés à l'exportation ?* »

prix de vente des houilles françaises. Ce prix
élevé des houilles entraînait celui des cokes : alors
qu'avec un bénéfice de 20 0/0 le prix de vente
d'une tonne de coke n'eût pas dû dépasser 17 fr. 20
— au lieu de 12 fr. 50 en Angleterre, 12 francs
dans la Ruhr, 16 francs à Charleroi, — le coke
était vendu en France 20 et 25 francs. A cette
époque, les houilles de la Sarre donnaient un
coke métallurgique fort acceptable, et comme les
hauts-fourneaux mosellans le devaient prendre
là, le fisc prussien mettait le prix de ses charbons et de ses cokes de la Sarre au niveau de
ceux de France, de 5 francs plus élevé que ceux
de la Ruhr ; il réalisait ainsi un gros bénéfice sur
notre métallurgie et notre industrie de l'Est (1).

Malgré ce désavantage, la métallurgie française
tendait de plus en plus à se concentrer sur ces
frontières lorraines ; Thiers avait entrevu le péril ;
il n'est pas sûr que depuis un autre, en France,
en ait eu le soupçon. En 1870, l'activité minière
et métallurgiste était grande dans le département de la Moselle : ses mines de fer approvisionnaient les usines de la Sarre, notamment
Burbach et Neunkirchen ; les chemins de fer de
l'Est favorisaient ces échanges minerai-charbon et,

(1) Il convient de noter que ce bénéfice était réalisé par le fisc
prussien en violation de l'article 7 de la Convention franco-prus-
sienne du 4 avril 1861, pour l'établissement du canal international
des houillères de la Sarre, et aux termes duquel « les prix auxquels
seront vendues les houilles, provenant des mines de l'État dans le
bassin de Sarrebrück et destinées à être importées en France par
le canal des houillères de la Sarre, ne seront, en aucun cas, plus
élevés que ceux auxquels ces mêmes houilles, destinées à être
transportées par une voie quelconque, seront vendues aux acheteurs prussiens ou étrangers les plus favorisés ». J'ai montré, dans
un précédent livre : Les Frontières lorraines et la force allemande,
p. 159), comment la Prusse avait su tourner cette obligation.

en deux ans, le canal des houillères en avait dou-
blé le chiffre (¹). La métallurgie lorraine faisait
principalement la fonte et les produits de première fusion ; à elle seule sa production équivalait à plus du tiers, et pour le fer forgé à plus de
la moitié de celle de toute la Prusse. Grâce au bon
marché que permettaient le bas prix du minerai
et une fabrication par masses, ces usines de la
Moselle et même de la Meurthe exportaient des
fers de construction, des tôles, des rails, et avaient
la Prusse pour cliente. Dans le seul département
de la Moselle, au moment de la guerre, on comptait 62 hauts-fourneaux au coke et 21 usines métallurgiques : les plus notables étaient aux Wendel, Moyeuvre, Hayange, Stiring, avec 15 hauts-
fourneaux ; les usines Dupont-Dreyfus à Ars-
sur-Moselle avec 8, Ottange avec 4 ; les autres
étaient de moindre importance.

Cette situation avait été soigneusement repérée
de l'autre côté de la frontière ; dès avant la
guerre, on savait quelle proie magnifique était
cette région, si richement dotée et si puissam-
ment industrielle.

Le 18 août 1870, — le jour même de la bataille
de Saint-Privat, — un Allemand, simple ingénieur
des mines, du nom de Hauchécorn, remettait au
commissaire civil d'Alsace à Haguenau, pour
qu'il le transmît au gouverneur de Lorraine, un
« rapport sur l'exploitation des mines, des usines
et des salines dans les parties de la France autre-
fois allemandes ». L'auteur appartenait à une an-

(¹) Rapport de l'ingénieur allemand Hauchecorn, cité ci-après.

cienne famille française émigrée à la révocation
de l'édit de Nantes ; il avait travaillé dans ces
régions et en avait reconnu assez exactement
les ressources. La guerre venue, il s'était spontanément donné la tâche de renseigner, en vue du
tracé de la frontière, l'état-major prussien sur la
valeur métallurgique et minière de ce pays du
fer : son rapport est le résumé le plus parfait
de l'état de notre métallurgie lorraine avant
1870 (¹).

« En France, déclarait-il, on aime à appeler le
district de la Moselle le « Cleveland français », et
les maîtres de forges du reste de la France voient
avec appréhension le développement rapide de
leurs concurrents. L'importance de ce district
pour le bassin de la Sarre est considérable au
point de vue des échanges minerai de fer et de
charbon. Les deux régions se complètent l'une
l'autre. »

Hauchecorn donnait donc, avec des précisions très sûres, le détail des usines, les chiffres de leur production et aussi, mais avec moins
de sûreté et quelques fortes erreurs, l'état des
ressources minières. Par chance pour nous l'ingénieur qu'il était partageait sur le minerai
lorrain les préventions et préjugés de ses col-
lègues français ; seuls comptaient pour lui les
minerais de fer fort, les autres étaient négli-
geables : les œillères professionnelles l'avaient

_____

(¹) Ce document, d'une si haute importance historique et que
j'ai retrouvé aux archives départementales de Meurthe-et-Moselle,
est publié en annexe de mon livre, *L'Allemagne et le fer : les frontières lorraines et la force allemande* (Perrin, 1915).

empêché de reconnaître l'importance des tentatives pour l'utilisation des minerais phosphoreux. Dans ce rapport il affirmait donc que « c'est au nord-est du plateau, à Ottange, où l'épaisseur totale du gisement atteint 30 mètres avec 10 mètres de minerai exploitable, que la puissance du minerai est la plus importante ; elle diminue au sud où, dans les environs d'Ars-sur-Moselle, elle ne compte plus que deux mètres et disparaît complètement à l'ouest ». Et d'après lui, en dehors des concessions en exploitation, la seule partie du bassin de prise intéressante était sa pointe nord-est, la région Aumetz-Ottange-Villerupt : il ne soupçonnait rien du futur bassin de Briey.

Hauchecorn remit son rapport, le 18 août 1870, au commissaire civil d'Alsace ; celui-ci ne le transmit que le 14 septembre (¹) au général von Bonin, gouverneur de Lorraine, à Nancy. Ce général, estimant peut-être, comme certains états-majors, qu'en temps de guerre nul ne doit avoir de science que les militaires et dans l'ordre de la hiérarchie, n'attacha aucune impor-

(¹) Par une coïncidence vraiment saisissante, à l'heure même où le rapport de Hauchecorn subissait ces retards de transmission, le 29 septembre 1870, un des diplomates français qui avaient le mieux pénétré l'âme et les ambitions prussiennes, M. Rothan, faisait cette remarque : « La guerre est pour l'Allemagne un moyen de s'enrichir au même titre que le commerce et l'industrie. Elle ne se paye pas de mots, elle procède scientifiquement, commercialement ; nos richesses sont pour elle l'objet d'études approfondies. Elle consulte, pour nous dépouiller plus sûrement, nos budgets, les ouvrages de nos économistes et jusqu'aux rapports de nos conseils départementaux. Elle pourra ainsi, le jour où se débattront les conditions de la paix, en remontrer aux négociateurs français. Elle leur prouvera qu'on ne saurait lui donner le change sur l'immensité de nos ressources. » (*Souvenirs diplomatiques* : *l'Allemagne et l'Italie*, tome Iᵉʳ, chapitre xxxii).

tance au document et le mit de côté ; après son
départ il fut retrouvé dans les bureaux de la pré-
fecture, siège de son quartier général. Pendant ce
temps, de Moltke et son état-major dressaient la
carte au sinistre liseré vert et, faute sans doute
de ces indications, laissaient à la France les
riches terrains miniers d'Ottange et d'Aumetz.

Ce fut après l'établissement des préliminaires
du 26 février 1871 que l'ingénieur Hauchecorn
dut s'apercevoir de l'erreur de l'état-major et la
signaler à Bismarck. J'ai montré, dans mon livre
des *Frontières lorraines* comment celui-ci, la put
réparer, en profitant d'une clause ambiguë sur
la délimitation du périmètre de Belfort pour
soulever une querelle d'Allemand et imposer,
en retour d'une extension, établie en principe,
mais non précisée dans ses détails, la cession des
riches terrains miniers signalés par Hauchecorn.
Pour conduire pratiquement la discussion, Bismarck confia à Hauchecorn, avec des pouvoirs
prépondérants, le mandat de commissaire déli-
mitateur, et je renvoie au livre du colonel Laussedat pour connaître la façon dont il s'acquitta
de cette tâche (¹).

Si le bassin lorrain fut coupé en deux par la
frontière du traité de Francfort, il n'en était pas
ainsi au moment de la rédaction de ce traité :
à part le coin de Longwy, l'Allemagne avait pris
tout ce qui en était connu, 19 concessions de
mines de fer, 16 de mines de combustibles, 14
de mines diverses. Ces mines de fer étaient :

(¹) *La Délimitation de la frontière franco-allemande*, par le lieu-
tenant-colonel LAUSSEDAT (Delagrave).

dans le nord du bassin, Ottange et les minières
d'Aumetz et d'Audun-le-Tiche ; — plus bas
Hayange, Moyeuvre, Rosselange, principal objet
de la convoitise germanique ; — puis Marange-
Saint-Privat ; — aux abords de Metz, les Var-
raines-Gravelotte, Vaux, Mance, Gorgimont,
Creutzwald ; — enfin Novéant, Arry et les minières de Hutte et de Bockholz.

Mais dans les intentions des annexionistes, les
mines étaient vraisemblablement l'accessoire,
presque toutes dépendaient d'établissements métallurgistes, et c'est ceux-ci qui constituaient le
gros profit. L'Allemagne prenait en effet 41 des
62 hauts-fourneaux et les usines les plus importantes de la Moselle ; au premier rang Hayange,
Moyeuvre, Stiring aux Wendel, qui toutes trois
faisaient plus du dixième de la production française, Ottange au comte d'Hunolstein, Ars-sur-
Moselle aux Dupont-Dreyfus, Novéant à Vezin-
Aulnoye, Saint-Paul et Saint-Benoît d'Ars, Audun-le-Tiche, Creutzwald, Mouterhausen.

Il n'est pas impossible que les maîtres de forges
allemands aient vu sans joie cette annexion métallurgique qui, si elle profitait à leur patrie, allait
changer leurs façons de travailler et risquait
même de leur être, pendant un temps, préjudi-
ciable.

La métallurgie allemande était alors cantonnée
sur le charbon westphalien et assez mal partagée :
elle ne possédait pas, en général, de houillères et
devait pour son charbon subir les exigences du
vendeur ; elle n'avait pas à sa faim le minerai et
était obligée d'en prendre une partie au dehors,

assez loin. Son principal avantage était la proximité du Rhin, mais encore ne valait-il qu'en vue
du commerce extérieur, dont l'Angleterre tenait le
quasi-monopole. La métallurgie westphalienne
était surtout une industrie de transformation,
elle achetait même une partie de sa fonte.

Hormis les Wendel, les métallurgistes lorrains
dépendaient, quant au charbon, des houillères de
la Sarre et de la Ruhr. On a vu comme les mines
fiscales abusaient de la situation ; mais précisément les métallurgistes westphaliens trouvaient
dans cette exaction, comme dans le jeu du droit
de douane français, la plus efficace protection.
Or, l'annexion exonérait déjà leurs nouveaux
confrères du poids de ce droit de douane ; bien
plus, elle leur donnait le charbon au même prix
qu'à eux-mêmes, qui n'avaient encore, ni dans la
Sarre ni en Westphalie, de houillères à eux. Dès
lors, le prix de revient des fontes lorraines, déjà
naturellement bas du fait du minerai, allait encore pouvoir être fortement abaissé et, par surcroît, ces métallurgistes lorrains se trouvaient
pour partie vendeurs du minerai, dont leurs confrères étaient dépourvus : leur situation était
hors pair.

L'annexion donnait ainsi aux métallurgistes
westphaliens de redoutables concurrents, peut-
être même un maître.

Les Wendel étaient mis, en effet, par l'annexion dans une position hors pair. Leurs confrères lorrains, s'ils bénéficiaient des prix diminués du charbon allemand, étaient malgré tout
sous la coupe du fisc prussien ; eux, seuls, avaient

l'absolue indépendance de leurs matières premières. Ils entraient dans la métallurgie allemande avec ce que les métallurgistes westphaliens devaient mettre trente ans à conquérir, la
mine-usine, et ils avaient le minerai à n'en savoir
que faire, 4.000 hectares en pleine propriété et
non en concession — sur les 8.435 hectares de
mines lorraines que l'Allemagne avait pris — domaine minier sans égal, desservi par un véritable
réseau de chemins de fer, dont ils étaient propriétaires et exploitants, 161 kilomètres de voie ferrée reliant leurs usines au grand réseau lorrain
et par Hagondange à la Moselle.

Mais leur principal avantage était le charbon.
L'acquisition des houillères de Petite-Rosselle et
de Forbach avait été plus qu'une belle affaire, un
trait de génie : c'étaient, en effet, dans le bassin
de la Sarre, les seules mines qui ne fussent pas
fiscales, 6.600 hectares dans la bonne zone des
charbons gras (¹), avec l'entière propriété du sol,
en sorte que dans leurs propres domaines les
Wendel possédaient tout ensemble le minerai et
le charbon. Situation sans exemple peut-être,
puisqu'ils n'avaient pas seulement au prix d'extraction leur charbon et leur coke, mais encore
qu'ils pouvaient en être vendeurs, — comme du
minerai, — et dans quelles conditions ! Seuls détenteurs d'une mine indépendante dans un bassin
fiscal et où la politique fiscale était de vendre aux
plus hauts prix, — aux prix de France ! — ils
avaient, plus fortunés que les métallurgistes

(¹) *Der Steinkohlenbergbau des Preussischen Staates in der Um-
gebung von Saarbrucken* (Berlin, 1904), tome Iᵉʳ.

westphaliens, leur coke au prix de revient et,
plus heureux que les charbonniers westphaliens
eux-mêmes, ils pouvaient vendre leurs houilles à
des prix supérieurs.

Ils étaient ainsi les maîtres des prix de la fonte,
de l'acier et de ses dérivés — car, seul de Lorraine, leur établissement était intégré sur le produit fini ; ils avaient un prix de revient auquel
nul autre n'eût pu prétendre, et pouvaient, à leur
gré, révolutionner en Allemagne le marché métallurgique, comme aussi bien faire la baisse
sur les charbons de la Sarre. Mais alors, abaissant
ainsi le prix de ces charbons, ils redonnaient tous
leurs avantages aux usines de la Lorraine et
de la Sarre et, inévitablement, attiraient dans
cette région du sud-ouest la métallurgie allemande et la fixaient sur les frontières lorraines.
L'histoire industrielle n'offre guère d'exemple
d'un tel pouvoir ; quelle belle partie pour un
audacieux comme Ignace de Wendel ([1]) !

Le malheur voulut qu'à cette heure exceptionnelle la maison de Wendel fût, pour ainsi dire,
sans chef (Charles de Wendel était mort au début
de la guerre), et elle n'en retrouva pas de taille
à tenir un tel coup contre le vainqueur — mais
au surplus, était-ce réalisable, et celui-ci l'eût-il
permis ? Ils étaient des vaincus ; ils restèrent
quand même et toujours des Français et pour-
suivirent en Allemagne les pratiques industrielles françaises, se contentant de vivre et

([1]) Sur Ignace de Wendel, voir mon article : *Les Wendel et le Creusot* (*Correspondant*, du 10 juin 1916).

d'accroître surtout leur domaine minier. La métallurgie lorraine fit de même ; elle se cantonna dans la production de la fonte. Une chance inouïe, à quelques années de son annexion, allait pourtant la favoriser : le procédé Thomas, en permettant l'emploi des minerais phosphoreux, faisait des mines dédaignées de la Lorraine un vrai trésor.

II

COMMENT UN SOCIALISTE FIT LA FORTUNE DES MÉTALLURGISTES : GILCHRIST THOMAS ET SON PROCÉDÉ

La fonte et les ·léments à écarter de la fusion, le carbone, le phosphore. — Élimination du carbone : Bessemer et son convertisseur ; le four Siemens et son perfectionnement par Martin. — Ces procédés assez coûteux maintiennent l'élévation du prix de revient ; l'élimination du phosphore, permettant l'emploi des minerais phosphoreux, apparaît comme le vrai moyen d'abaisser le prix de la fonte et de l'acier.

Gilchrist Thomas : sa vie et sa découverte ; une véritable révolution métallurgique. — La découverte de Thomas est pour la France l'égal d'une grande victoire ; en permettant l'emploi des minerais phosphoreux, elle donne toute sa valeur aux immenses réserves de notre sous-sol. — Elle fait de même la fortune de la métallurgie allemande, mais tend à la concentrer de plus en plus sur le minerai lorrain.

LA fonte est un composé de fer avec quelques éléments étrangers, variables selon la nature des minerais employés et dont les plus préjudiciables sont le carbone et le phosphore : pour transformer la fonte en fer ou en acier, on doit éliminer ou réduire ces indésirables, qui en compromettraient la qualité. Pour le phosphore, ce fut simple : on proscrivit purement et simplement les minerais phosphoreux et on ne réserva à la fusion que des minerais purs et rares, qu'on cherchait très loin. Les prix du fer et de l'acier en étaient très élevés.

L'effort des maîtres de forges se borna donc à donner d'abord la chasse au carbone. Au commencement on exposait, dans un trou creusé en terre, la fonte en fusion au contact extérieur de l'air qui brûlait ce carbone, isolait le fer en grumeaux qu'on soudait par martelage. C'était rudimentaire, empirique, insuffisant : l'air n'agissant que sur la surface en fusion, l'opération était superficielle ; elle était surtout inapplicable à l'acier qui, de sa nature, étant du fer allié à un peu de carbone, en devait forcément retenir quelques éléments. Presque au même temps, vers le milieu du XIXᵉ siècle, un Anglais, un Allemand, un Français trouvaient le moyen de retenir le carbone nécessaire dans la fusion et de permettre ainsi la fabrication de l'acier : Bessemer, Siemens, Martin.

Tous les trois partaient du même principe : empêcher le fer de s'isoler en grumeaux, le maintenir à cet effet en fusion par une élévation de chaleur et lui laisser la dose voulue de carbone.

Bessemer, pour arriver à ce résultat, continuait à utiliser l'air froid : fortement comprimé et projeté au travers de la masse en fusion — préalablement versée et incessamment remuée dans une grande cornue, nommée convertisseur, au fond percé de trous pour permettre cette pénétration

— cet air obtenait cette élévation de température par l'oxydation intégrale des éléments mêmes à écarter de la fusion, silicium, manganèse, carbone, à l'exception naturellement du phosphore. Il fallait arrêter l'opération à temps pour laisser le dosage voulu de carbone, c'était assez hasardeux ; d'autre part, l'opération, se faisant en vase clos, était forcément réduite.

Siemens opéra sur de plus grandes masses. A la cornue limitée de Bessemer, il substitua un four à réverbère où la fonte était versée dans de larges soles, mais au lieu de l'air extérieur, il recourait comme comburant aux gaz provenus de la combustion de la houille : ces gaz surchauffaient l'air, circulant au travers d'empilages de briques portées au rouge par les flammes perdues du four. Ainsi l'élévation de température n'était pas demandée, comme par Bessemer, aux seuls éléments internes de la fusion et conséquemment du minerai, mais à ceux du combustible, de la houille.

Siemens, toutefois, n'obtenait pas plus que Bessemer la régularité du dosage carbonique. Martin y réussit en gardant le dispositif de Siemens, mais en introduisant dans le bain de fusion des corps étrangers exempts de carbone, comme on réduit la teneur alcoolique du vin en y mettant de l'eau.

En dépit de leur ingéniosité, ces divers procédés ne faisaient pas que l'acier ne fût très cher, puisqu'il exigeait toujours des fontes très pures et exemptes de phosphore, dont on ne voulait trace. L'acier Bessemer ne s'obtenait pas à moins

de 100 et de 120 francs la tonne, et les inventions
de Siemens et de Martin n'avaient guère réduit
ces prix puisqu'elles exigeaient une augmentation
très forte de combustible, d'une tonne au début
par tonne d'acier. Le seul moyen d'abaisser ce
prix de l'acier était d'éliminer le phosphore de
la fusion et de permettre ainsi l'emploi des minerais phosphoreux, qui formaient les neuf dixièmes
des réserves minières du monde et la totalité de
celles de France et d'Allemagne.

Les maîtres de forges, surtout les Anglais, ne
tenaient peut-être pas beaucoup à une telle découverte, qui, en augmentant ainsi considérablement leurs ressources en minerai, devait
inévitablement abaisser le prix de vente de
leurs produits; ces Anglais, au surplus, n'avaient-
ils pas le monde entier pour client ? ils trouvaient donc la situation, non seulement sup-
portable, mais confortable. Trop d'intérêts,
pourtant, s'opposaient à ce point de vue pour
que ce progrès-là ne fût pas réalisé : il était,
d'ailleurs, à la portée du premier venu.

Dans l'oxydation primitive de la fonte à l'air
libre, le phosphore de la fusion s'oxydait lui aussi
et passait dans la scorie à l'état de phosphate,
mais, dans le convertisseur,— le plus généralement sinon le seul usité, — la force de projection
de l'air, agissant sur la totalité de la fusion, retirait à l'acide phosphorique qu'il déterminait
toute base où s'agréger ; le carbone prenant tout
l'oxygène, cet acide phosphorique se redécompo-
sait et le phosphore ainsi reformé se combinait
avec l'acier.

Voyant le mal, on voyait le remède : pour fixer ce phosphore, il n'était besoin que d'introduire dans le bain de fusion un élément basique, par exemple la chaux ; mais alors les scories basiques eussent, en peu de temps, dissous l'argile siliceuse acide, dont était garni intérieurement le convertisseur. En somme, pour obtenir cette élimination du phosphore si importante et si grosse de conséquences, il n'y avait qu'à substituer dans la cornue Bessemer un garnissage basique à un garnissage acide ; on améliorait alors la marche même de l'opération, puisque isolé le phosphore ferait fonction de combustible, élevant, par sa combustion même, la température du bain de fusion ; la fusion se trouverait de la sorte basée sur la richesse en phosphore des minerais employés.

Comme on l'a vu plus haut, la possibilité de cette élimination du phosphore avait été, avant 1870, scientifiquement démontrée par Gruner ; presque aussitôt, l'usine Muller, d'Ivry, avait heureusement essayé de la faire passer de la théorie dans la pratique, en employant comme garnissage des briques de magnésie pure (¹). La guerre arrêta ces tentatives. Il appartenait à un jeune Anglais, de modeste condition, à un simple amateur de chimie, ayant lui-même fait sa science, de donner à ce problème sa solution décisive.

Il n'était vraisemblablement, en 1316, quand

(¹) Th. Laurent, déjà cité.

F. ENGERAND 10

parut cette étude dans le *Correspondant*, pas un métallurgiste français qui sût ce qu'avait été ce Thomas, à l'invention de qui il doit sa fortune. Comme notre Bibliothèque Nationale et comme celle de l'École des mines, le Comité des forges, si bien outillé pourtant quant à la documentation sidérurgique, ne possédait aucune information sur cet homme, dont la découverte bouleversa le monde et modifia les positions des nations au point de vue économique et même politique : s'il en fut de même en Allemagne, l'ingratitude serait encore plus noire, car c'est à ce Thomas que l'Allemagne est redevable de sa fortune métallurgique. Il est donc intéressant de verser ici les quelques notes que nous avons pu rassembler sur ce curieux jeune homme (¹).

Sydney Gilchrist Thomas naquit à Canonsbury le 16 avril 1850, d'une famille galloise. Son père, petit professeur au collège d'Essex, mourait en 1867, laissant, par sa mort, sa famille dans la gêne ; le jeune Sydney entra alors comme simple clerc au tribunal de police de Malborough street. C'était un être prodigieusement doué, aux yeux avides de connaître, au front démesuré en qui semblaient déposées toutes les forces du savoir ; apte à toutes les connaissances, socialiste idéaliste rêvant d'une réformation de la société où chacun

(¹) Sur Gilchrist Thomas, cf. BURNIE, *Memoir and letters of Sidney Gilchrist Thomas inventor* (London, Murray, 1891). — JEANS, *Creators of the age of steel* (London, Champan and Hall, 1884). — GLADSTONE, *A rare young man* (dans le *Youthes magazine*, de Boston, 4 août 1892). — CARNEGIE, *An american four in hand in Britain*. — Je n'ai pu me procurer que le premier de ces livres, et c'est à lui que vont mes références.

produisant suivant ses moyens recevrait suivant
ses besoins, ayant le génie de la finance mais la
passion de la chimie, le jeune homme donnait à
cette science tous ses loisirs et beaucoup de ses
nuits : il voulait par elle arriver à libérer sa mère
et les siens de tout souci d'argent.

Aux cours de chimie appliquée du Birbeck
Institute, qu'il suivait assidûment, il entendit,
en 1870, le professeur Chaloner affirmer que celui
qui trouverait le moyen d'éliminer le phosphore
du convertisseur Bessemer avait sa fortune faite :
il voulut être celui-là et il donna à cette recherche
tout le temps que lui laissaient ses occupations
professionnelles. En 1875, il trouvait ce garnissage
basique auquel se ramenait la découverte : il
multiplie les expériences chez lui d'abord, puis
dans des laboratoires métallurgiques, le succès se
précise. Il communique sa découverte à son cou-
sin Gilchrist, chimiste aux forges de Bleanavon ;
celui-ci l'expérimente avec le même succès : il
prend alors des brevets, non seulement en Angleterre, mais sur le continent et en Amérique.

En mars 1878, Thomas exposait sa découverte
à l'Iron and Steel Institute, on n'y prêta pas attention : il s'inscrivit pour une lecture à l'Exposition
universelle de Paris ; la communication, manque
de temps, fut remise, mais, au cours d'une visite
au Creusot, il eut l'occasion d'exposer son procédé
au grand métallurgiste anglais Windsor Ri-
chards ; celui-ci s'enthousiasma, fit les expériences en grand dans ses usines du Cleveland ;
le succès montra l'avenir de la découverte. Krupp
et Bochum essayèrent bien de contester l'inven-

tion, leurs critiques se brisèrent devant les faits.

C'était une révolution scientifique et économique que ce jeune homme venait de déclancher ; c'était la gloire, c'était la fortune. Mais sa santé, minée par une vie surmenée et un labeur sans répit, ne devait pas lui permettre de jouir longtemps de l'une et de l'autre. Atteint par la tuberculose, il employa à voyager et à perfectionner son invention les quelques années qu'il avait à vivre. Aux États-Unis, en 1881, il est reçu en triomphateur ; en 1883, il fait le tour du monde par le Cap, les Indes, l'Australie, puis retourne en Amérique. A bout de forces, il passe à Alger l'hiver de 1883-1884, s'en vient à Paris chercher les soins d'un médecin fameux, s'installe avec sa mère et sa sœur, 61, avenue Marceau, et y meurt, à trente-quatre ans, le 1er février 1885, après avoir trouvé encore le moyen d'utiliser pour l'agriculture les scories phosphatées résultant de son invention et d'abaisser ainsi le prix de son acier.

L'application de son procédé avait assuré à Thomas de larges revenus, mais, fait digne d'admiration, il était resté le socialiste de ses jeunes années : se sachant frappé à mort, il voulut, et sa volonté fut respectée, que, sauf une rente suffisante pour mettre les siens hors de la gêne, tout l'argent de son invention fût consacré à l'amélioration du sort des travailleurs. C'était assurément, suivant le mot de Gladstone, un « rare jeune homme ».

La France a l'honneur de garder les restes mortels de ce noble socialiste, dont la vie n'eut

d'autre objet que de faire la fortune des métallurgistes du monde entier. Ils lui devraient une
statue, mais la gratitude n'entre pas toujours
dans le calcul du prix de revient et, moins heureux que Martin, à qui au moins les métallurgistes de France offrirent un banquet à la fin de
ses jours, Thomas n'a même pas une sépulture
décente. J'ai découvert sa tombe, quasi aban-
donnée, dans la 11e division de notre élégant
cimetière de Passy : elle est à pleine terre, ornée
de quelques pauvres plantes ; la stèle en pierre
blanche, surmontée de la croix, porte cette ins-
cription : « *Sacred to the memory of Sidney Gilchrist Thomas, dearly loved son of the late Wil-
liam Thomas and Mellicent, his wife. Born 16
april* 1850, *died* 1 *february* 1885. *He hath fought a
good fight.* »

« Ce bon combat combattu par Thomas » ap-
portait à la France l'égal d'une grande et d'une
très grande victoire, puisqu'il permettait la mise
en valeur de ses considérables réserves minières,
non seulement de l'Est, mais aussi de l'Ouest. La
France pouvait ainsi disposer de deux et trois
centres métallurgiques importants et écarter le
péril d'une concentration de sa métallurgie sur la
frontière lorraine. Mais ni ses maîtres de forges
ni son gouvernement ne surent, hélas ! profiter
de cette inestimable fortune ; malgré la dure
leçon de 1871, notre métallurgie se réinstallait
dans l'Est, sur la frontière, comme ces établissements qui se replacent toujours sur les flancs
d'un volcan. L'Ouest fut, au point de vue minier et métallurgique, l'objet d'une mise en in-

terdit absolue, et le procédé Thomas, appliqué d'abord dans l'Est, lui donna un tel avantage que la production de la fonte ne tarda pas à s'y ramasser.

L'Allemagne, elle, eut du procédé Thomas un immense profit et un très grand dépit. Elle n'avait pris, par le traité de Francfort, que la moitié du bassin lorrain, la seule que l'on croyait utilisable ; et la découverte donnait une valeur énorme à l'autre morceau ! Elle se consola d'autant moins de n'avoir pas pris le tout que la partie laissée à la France était la plus forte et la meilleure. Nonobstant, la métallurgie allemande trouvait en abondance, grâce à l'invention de Thomas, le minerai de fer qui lui manquait, mais, pour profiter pleinement de l'avantage, elle se voyait, elle aussi, attirée en Lorraine, dans le Sud-Ouest, près des frontières.

Quant à la métallurgie anglaise elle ne tira presque rien de l'invention, qu'elle avait pourtant acclamée et favorisée. Ses maîtres de forges continuèrent à utiliser des minerais riches, des hématites supérieures qui donnaient sans doute des aciers plus parfaits, mais aussi plus coûteux ; leur grande préoccupation semble avoir été de ne pas trop produire ni à trop bon marché pour pouvoir vendre cher. D'ailleurs, au début, le procédé Thomas, par la quantité de matériaux basiques qu'il exigeait, revenait presque aussi cher que le Bessemer.

Mais on s'aperçut vite — et Thomas donna à ce perfectionnement ses dernières ardeurs — que les scories phosphatées constituaient un engrais supérieur, dont la vente mit le prix de revient sensiblement au-dessous de l'acier Bessemer. La métallurgie allemande, qui s'apprêtait à engager la lutte contre l'Angleterre, trouvait là l'arme cherchée. Les fers et les aciers Thomas alliaient à une douceur extrême une égale homogénéité qui les rendait parfaitement convenables pour les poutrelles, pour les tôles, pour les pièces employées dans les constructions mécaniques. Le procédé Thomas donna vraiment l'orientation et inspira la politique de la métallurgie allemande : abaisser autant que possible le prix de revient et vendre bon marché pour produire beaucoup.

III

WESTPHALIE CONTRE SUD-OUEST

Avantage que le procédé *Thomas* confère à la métallurgie lorraine
et surtout aux Wendel. — Positions des métallurgies de Westphalie et au Sud-Ouest ; celle de Westphalie tributaire pour la
fonte de la Lorraine qui abuse de la situation. — Les métallurgistes westphaliens veulent se rendre indépendants : ils cher-
chent des mines en Lorraine, mais arrivent trop tard. — Un
Monaco sidérurgique : la politique minière du grand-duché de
Luxembourg : en obligeant les Allemands à y installer des établissements métallurgiques, elle démontre les avantages de la
position du Sud-Ouest.
Politique des métallurgistes westphaliens : se rendre indépendants
pour la fonte par le charbon et le minerai. — Guillaume II lance
sa politique mondiale avant que ce programme soit réalisé :
difficultés de la métallurgie westphalienne ; la crise de 1900. —
La métallurgie westphalienne contrainte d'acheter sa fonte en
Lorraine et à l'étranger : pour se protéger contre le Syndicat
des Fontes, elle suscite le Syndicat de l'acier. — Le *Stahlwerksverband.* — Développement de la production de fonte en Westphalie : la mise à fruit du bassin de Briey change les positions
et réattire la métallurgie allemande sur la frontière lorraine.

S'IL ét it réservé au procédé Thomas de faire
la fortune de la métallurgie allemande, c'était
par le minerai lorrain, et la métallurgie annexée

pouvait plus aisément s'adjuger le bénéfice ex-
clusif de la découverte. Largement pourvue de
ce minerai désormais utilisable, avec le charbon
voisin de la Sarre, fournissant un coke suffisant,
la métallurgie du Sud-Ouest était incompara-
blement placée pour se lancer dans la production en grand, non seulement de la fonte, mais
de l'acier et des produits finis. Sans doute, l'accès du Rhin lui était refusé et elle demeurait
assez mal partagée quant aux moyens de transport ; mais de ce désavantage, d'ailleurs réduc-
tible et temporaire, elle trouvait la compensation
dans un prix de revient exceptionnel. Le procédé
Thomas ouvrait donc pour la métallurgie lorraine
le plus extraordinaire avenir.

Il semble que ses métallurgistes ne s'en soient
pas tout d'abord rendu compte et qu'ils n'aient
pas joué la partie aussi complètement que de tels
atouts le permettaient. Le brevet pris par l'inventeur écartait, il est vrai, pour quelque temps
l'invention du domaine public ; le Creusot, et les
Wendel avaient acquis ensemble le droit de l'ap-
pliquer dans leurs usines (¹) et les premiers essais sur le minerai lorrain furent faits à Hayange :
La situation des Wendel fut ainsi singulièrement
renforcée.

Les autres maîtres de forges de Lorraine
étaient de petits seigneurs, peu entreprenants et

(¹) GRÉAU, Le fer en Lorraine (Berger-Levrault, 1908), p. 115.
L'auteur avance que le Creusot aurait le premier acquis le brevet
et l'aurait partagé avec les Wendel ; les Wendel affirment que
l'acquisition du brevet et les premiers essais furent faits en commun et que la première aciérie Thomas fut établie à Hayange.

d'humeur peu combative : ils ne se souciaient sans doute pas de jouer chez l'ennemi un rôle qui risquait de leur attirer les pires tracas. Ils restèrent do c sur la défensive, aimant mieux tenir que courir et réaliser qu'entreprendre ; dans la chance qui leur survenait, ils ne virent que le moyen d'améliorer leurs affaires sur les bases qu'ils leur avaient données, de produire plus facilement leur fonte et de gagner plus facilement plus d'argent.

La métallurgie lorraine resta ainsi spécialisée dans les demi-produits ; elle borna son principal effort à la fonte, en ayant soin pourtant de ne pas exagérer sa production et de ne jamais la laisser excéder la demande. Elle put, de la sorte, s'accorder avec la métallurgie westphalienne. Celle-ci, on l'a dit, était surtout une industrie de transformation ; du fait de son désavantage pour le minerai elle ne développa pas, comme elle l'eût pu, sa production de fonte (1), elle en resta longtemps acheteuse et donna la meilleure part de sa clientèle à la métallurgie du Sud-Ouest, lui prenant ainsi 249.000 tonnes de fonte en 1883, 828.000 en 1900 (²).

Inévitablement cette forte demande releva le cours des fontes et la métallurgie lorraine dut profiter plus qu'il n'eût fallu et peut-être même abuser de la situation. La production allemande de la fonte était groupée en un puissant syndicat qui défendit trop et mal ses intérêts. Les métal-

(1) De 1.616.000 tonnes en 1883, la production de fonte en Westphalie ne dépassait guère 3 millions en 1900.
(²) *Houillères de France*, Circulaire 4109.

lurgistes-constructeurs westphaliens virent bientôt
leur prix de [revient de plus en plus grevé quand
il leur fallait, au contraire, l'abaisser le plus
possible pour aborder victorieusement les marchés étrangers ; ils comprirent alors que l'avantage de la métallurgie lorraine pouvait être par
tagé et qu'il n'appartenait qu'à eux d'y prendre
une position qui pouvait même être supérieure.
Déjà de fortes usines westphaliennes avaient leurs
houillères, qui donnaient un coke proclamé incomparable ; prenant des mines en Lorraine et y po-
sant des fourneaux, elles se trouvaient dans une
position presque égale aux Wendel. Les autres se
virent incitées par les hauts prix des fontes à
acquérir également des houillères et à assurer leur
indépendance de la même façon.

On se jeta sur la Lorraine et son sous-sol fut
l'objet de prospections multipliées. Les Wendel,
qui mieux que les autres connaissaient les secrets
de la terre lorraine, prirent les devants : ils mirent
la main, dans le nord du bassin, sur deux concessions intéressantes, soit 1.689 hectares qui, au
long de la frontière, prolongeaient presque jusqu'au Luxembourg leur grand domaine d'Hayange
et de Moyeuvre ; pareillement, au sud de l'Orne,
ils s'attribuaient, sur toute l'étendue de la frontière, l'immense secteur Vernéville-Rezonville-
Vionville, 4.385 hectares, plus de la moitié de la
partie sud du bassin, « pour y prévenir l'établissement de nouvelles usines », affirme l'historio-
graphe de la maison (1). En fait ils possédaient

(1) HENRY GRANDET, Monographie d'un établissement métallur-

presque les deux tiers des mines sises sur la frontière ; dans cette seule Lorraine annexée, leur
domaine minier, de 4.299 hectares en 1871, monta
à plus de 92.000. Ils avaient les meilleurs morceaux, ils laissèrent aux autres les miettes...

Krupp ne prit pas plus de 400 hectares près
d'Aumetz et 180 à Langenberg sur la frontière du
Luxembourg ; Phönix s'adjugea, dans le nord du
bassin, quelques concessions dont la plus intéressante était à Fontoy, et au sud de l'Orne le vaste
morceau d'Amanvilliers et le grand secteur de
Gorze, conjointement avec Gutehoffnungshütte,
acquisitions proches de Metz et de la Moselle et
amorces évidentes de vastes usines ; Stumm eut
quelques bonnes prises dont la meilleure fut, au
nord, l'un des coins du fameux bois communal
d'Ottange. Venu trop tard, Thyssen ne trouva
plus rien dans le nord, il ne ramassa au sud de
Moyeuvre que quelques mines médiocres, Ron-
court, Pierrevilliers, Feves, et, par fusion avec
Sambre et Moselle, le beau morceau de Marange,
— au total un groupe de mines rapprochées de la
Moselle, se reliant aux concessions de Batilly et
de Jouaville, qu'il eut dans le bassin de Briey,
et qui lui parurent plus tard suffisantes pour
jeter à Hagondange les plans d'une usine géante ;
c'était pour les Wendel un voisin assurément dé-
sagréable. De tous, le mieux partagé fut Gelsenkirchen, qui put mettre la main sur les belles
mines des bois d'Ottange, lesquelles, avec d'autres

gique sis à la fois en France et en Allemagne (Chartres, Garnier,
1909).

acquises en Luxembourg, allaient permettre sa grande installation d'Esch-sur-Alzette, en territoire grand-ducal.

Toutes ces compétitions amenèrent, dans la Lorraine annexée, un morcellement excessif de la propriété minière, surtout dans la partie nord du bassin, qui en était la meilleure. L'autre, au sud de l'Orne, fut conservée comme réserve et l'exploitation en fut insignifiante. Mais, dans le Nord, l'extraction fut intense : de 364.000 tonnes en 1871, de 744.000 en 1875, elle monta à 2.185.000 en 1886, à 7.742.C00 en 1900, à 12 millions en 1905.

Le directeur de Gelsenkirchen, Kirdoff, qui était aussi le président et l'initiateur du syndicat houiller rhénan-westphalien, fut le premier à comprendre les avantages d'une position métallurgique dans le bassin lorrain ; un ensemble de circonstances particulières lui imposa élection d'établissement dans le Luxembourg.

Le grand-duché de Luxembourg a tout juste la grandeur d'un petit département français, et pourtant, en 1913, il ne possédait pas moins de 40 hauts-fourneaux ; sept puissantes sociétés métallurgiques y faisaient 2 millions 1/2 de tonnes de fonte, — plus que toute la Belgique et un peu plus de la moitié de la production de la France (²). Sous la Révolution, le Luxembourg avait nom : département des Forêts ; il pourrait aujourd'hui s'appeler : département du Fer.

Son petit gouvernement avait compris, bien

(²) A. PAWLOWSKI, livre cité.

mieux que les grands, le parti à tirer de cette
richesse minière. Le Luxembourg a vécu de ses
mines comme Monaco du jeu ; sa législation minière
est un modèle d'ingéniosité et de sens pratique.

La pointe nord-est du bassin lorrain est sur
le territoire grand-ducal, c'est la plus riche, et la
plus facile à exploiter, presque des minières. Le
régime est celui de la concessibilité des mines,
mais le gouvernement concéda ces mines dans
l'intérêt général et pour gager la construction des
chemins de fer. Ne pouvant faire les frais des
nombreuses voies ferrées nécessaires à la mise en
valeur d'un pays comblé des meilleurs dons et
appelé à un réel avenir agricole et industriel,
l'État luxembourgeois, au lieu d'une garantie
financière, attribua aux compagnies, avec faculté
exclusive d'en vendre le minerai hors pays,
700 hectares de mines dans les régions de Differdange et de Rumelange ; et c'est ainsi, et sans
qu'il en eût rien coûté à la collectivité, que le
grand-duché se vit doté d'un réseau ferré hors de
proportion avec les ressources du pays comme
avec ses finances d'État.

Naturellement, le procédé Thomas fit la fortune du Luxembourg comme de la Lorraine, dont
il est une dépendance géologique. Dès 1882, une
société se constituait à Dudelange pour exploiter
la découverte. Le gouvernement décréta alors
que les scories phosphatées seraient livrées à l'agriculture à des prix réduits, et, de ce fait, la région
septentrionale, où ne poussaient que des genêts
et des bruyères, devint en peu d'années un pays
de production agricole intensive.

Mais cette législation luxembourgeoise, si bien
inspirée pour l'octroi des concessions, se trouva
en défaut pour l'amodiation et la cession des
mines ; les métallurgistes étrangers, et en première ligne naturellement les Allemands, eurent
vite acquis tout le sous-sol du grand-duché. Les
chemins de fer, en effet, une fois établis et pros-
pères, avaient trouvé plus avantageux, au lieu
d'exploiter leurs mines, de les vendre : la Gelsenkirchen d'abord, puis la Deutsch Luxemburg,
puis Burbach, et des Belges et des Français se
partagèrent, inégalement d'ailleurs, le morceau.
Alors un sérieux danger apparut. Le concession-
naire étranger d'une mine qui n'a pas d'usine sur
place n'a cure d'en ménager l'exploitation ; le
Luxembourg risquait ainsi de voir rapidement
s'épuiser cette source essentielle de sa richesse
nationale. Son gouvernement para hardiment à
ce danger : il fit défense de céder dans l'avenir des
mines à des étrangers, et il disposa législativement
que tout minerai, même concédé antérieurement,
devrait être consommé sur place, l'exportation en
fut interdite.

Les détenteurs étrangers furent ainsi pris et se
virent dans l'obligation, pour profiter de leurs
mines, d'établir des usines dans le grand-duché.
C'était d'autant plus facile aux Allemands que,
le Luxembourg faisant partie du Zollverein, ils
avaient tous moyens d'y apporter leurs charbons
et d'en sortir leurs produits. Kirdoff fut beau
joueur et Gelsenkirchen établit donc dans le grand-
duché deux grandes usines qui ne faisaient pas
moins, en 1912, de 268.000 tonnes de fonte et

de 225.000 de produits finis. L'activité métallurgique se développa vite et fort : de 2 millions de tonnes en 1880, l'extraction du minerai passait à 6 millions en 1900, à près de 7 1/2 en 1913 ; la production de la fonte, de 500.000 tonnes en 1890, montait à 2 millions 1/2 en 1913, et celle de l'acier à 1.500.000 tonnes ; en 1910, le minerai luxembourgeois ne suffisant plus, il fallait en prendre le complément dans les bassins de Thionville et de Briey.

Il y avait dans ce succès un danger pour l'Allemagne, où la contagion de l'exemple et l'esprit d'imitation sont assez courants ; la métallurgie allemande était attirée de plus en plus vers le bassin lorrain, sur les frontières occidentales de l'empire.

L'histoire de la métallurgie allemande peut se partager en deux périodes, avant et après la grande crise de 1900-1902, marquées chacune par une politique très différente.

Avant 1900, ce fut la lutte contre l'industrie houillère ([1]). Celle-ci s'était développée, dans le bassin rhénan-westphalien, très vite et beaucoup plus que dans le reste de l'empire ; sa politique avait été de réglementer étroitement la production et de maintenir les cours intérieurs aux niveaux les plus élevés. Les firmes métallurgiques, en grande partie sinon en presque totalité dans la dépendance des charbonnages, faisaient les frais de cette politique ; elles voulurent s'émanci-

----
([1]) Voir la première partie : *La Politique houillère de l'Allemagne*.

per en s'annexant des houillères et elles pouvaient, ce faisant, se flatter de l'espérance de prendre un jour, avec la maîtrise du syndicat houiller, celle de leur propre destinée. La conquête du *Kohlensyndikat* fut le premier grand objectif de la métallurgie westphalienne ; mais elle n'attendit pas de l'avoir parachevée pour se lancer dans la grande production ; elle fut, d'ailleurs, forcée de partir, non munie de tous ses moyens.

A la fin du xixe siècle, en effet, une prodigieuse activité industrielle se manifesta, dont la métallurgie devait avoir la part principale. Les industries électriques s'étaient considérablement développées, nécessitant une coopération étroite de la sidérurgie : puis, en 1897, le Kaiser, plaçant sur la mer les destinées de l'Empire, ouvrait l'ère de la politique mondiale et imposait au Reichstag le renforcement des armements maritimes et des constructions navales ([1]). Un tel déclanchement était prématuré, la métallurgie westphalienne, principal agent d'exécution d'un tel programme, n'était pas complètement prête : très insuffisamment productrice de fonte, elle n'avait pas encore sa complète indépendance pour le charbon, elle n'avait pas son minerai; elle produisait donc cher et elle se mit de plus en plus dans la dépendance des maîtres de forges, et spécialement de ceux de la Lorraine et du Sud-Ouest.

De 1880 à 1900, la production de fonte de toute l'Allemagne était passée de 2 millions 1/2 à 8 millions 1/2 de tonnes, le Sud-Ouest et la

_____
([1]) Prince DE BULOW, *La politique allemande* (Lavauzelle, 1914).

Westphalie y participaient chacun pour 3 millions, mais le Sud-Ouest était parti de 700.000 tonnes et la Westphalie de 1.600.000. Dans le même temps, la production d'acier allait de 800.000 tonnes à 6.380.000, pour la presque totalité dans la région rhénane-westphalienne (¹). Toujours dans cette même période, l'extraction du minerai montait à plus de 21 millions de tonnes, dont 18 dans la Lorraine et le Luxembourg ; les importations étrangères de minerai, non seulement n'augmentaient pas, mais avaient même tendance à diminuer — 4.600.000 tonnes en 1890, 3.990.000 en 1902. La métallurgie allemande vivait donc sur le fonds lorrain : celle de Westphalie prenait à la Lorraine une part de son minerai, mais relativement faible, 1.350.000 tonnes en 1900 ; proportionnellement elle achetait au Sud-Ouest beaucoup plus de fonte, 828.000 tonnes en 1900, et ces achats ne suffisant pas, elle importait, cette même année, 670.000 tonnes de fonte anglaise.

La métallurgie westphalienne était ainsi sous la coupe des producteurs de fonte et plus elle augmentait sa production, plus elle aggravait sa dépendance. La Lorraine et le Sud-Ouest profitèrent de la situation, mais n'en tirèrent point tout le parti possible, car ses métallurgistes auraient pu faire l'acier et le produit fini. On

(1) Les statistiques officielles de l'Empire allemand ne donnent pas la production d'acier brut et de lingots d'acier du Rhin et de la Westphalie, on peut seulement en avoir l'idée par le chiffre, qui me fut très aimablement fourni par le *Comité des Forges*, de la production de produits finis en acier, et qui, de 388.000 tonnes en 1880, passa à 4.662.000 tonnes en 1900.

dirait que leur politique ait toujours été de ne
pas pousser trop à fond leur avantage : ils se
résignèrent donc à l'emploi de « brillant second »,
et se contentèrent de vendre à leurs concurrents
leur matière première ; malgré tout, la production de la fonte se développa fortement dans ces
régions lorraines ; elle égalait, en 1900, celle de
la Westphalie ; elle la dépassait quelques années
après.

Naturellement, cette demande renforcée de
fonte amena une hausse des prix d'autant plus
accentuée qu'elle était d'autre part sollicitée par
une hausse démesurée des minerais. Les producteurs de fonte relevèrent encore, en 1900, le prix
des fontes, ne consentirent à livrer qu'avec majoration, n'acceptèrent de commandes que pour
de fortes quantités et à des prix très relevés : les
laminoirs et les usines de finissage ne purent
résister à de telles exigences ; on a déjà vu
qu'une crise sans exemple s'ensuivit en 1901, avec
un accompagnement de catastrophes financières,
qui lui donnèrent vite les proportions d'un dé-
sastre national. Sans se laisser émouvoir par
ces malheurs et à l'abri de toute concurrence
extérieure par un droit de douane trop avantageux, le Syndicat des fontes se refusa à baisser
ses prix et dressa de plus en plus ses intérêts
particuliers contre l'intérêt général ; il devint un
instrument de désordre économique et politique,
un véritable État dans l'État. Son âpreté sou-
leva un vif mouvement d'opinion ; l'existence
même de la métallurgie westphalienne était en
jeu, car, qu'il le voulût ou non, le Syndicat des

fontes poussait à la concentration de la production de la fonte sur le minerai et par suite sur la frontière.

Le gouvernement vit le danger : en 1904, sinon à son instigation, au moins sous ses auspices déclarées, contre le Syndicat des fontes qui se trouvait sous le contrôle de la métallurgie lorraine, se dressait le Syndicat de l'acier, le *Stahlwerksverband* (¹).

Le Syndicat de l'acier fut établi sur le modèle du *Kohlensyndikat*, mais dans un esprit tout différent, puisque le syndicat rhénan-westphalien avait pour principal objet d'empêcher la surproduction, alors que le *Stahlwerksverband* était plutôt fait pour l'encourager en excitant la production des fontes et l'exportation des produits fabriqués.

Les aciers, à cet effet, étaient répartis en deux catégories, dénommées produits A et produits B. Les produits A étaient les premières étapes de la fabrication, les lingots, les rails, les traverses, les poutrelles, en général les produits les plus simples et les plus lourds, les moins ouvrés et, par suite, les plus rapprochés et les plus dépendants de la fonte ; les produits B comprenaient ceux qui avaient demandé plus de travail, une fabrication plus poussée, comme les tôles, les tuyaux, les

---

(¹) Il est assez difficile de bien connaître le Syndicat de l'acier qui, en France, a été étudié dans ses détails, mais non dans son ensemble et qui pourtant eût mérité une telle attention, car il fut indiscutablement l'un des organismes essentiels de la force allemande. Je ne connais, en sus des études d'ensemble de MM. Martin Saint-Léon et de Rousiers sur les syndicats de producteurs, qu'une intéressante monographie de M. MAURICE LAIR, *Le Syndicat allemand des aciéries*, parue dans la *Revue financière universelle*, du 15 mai 1911.

essieux, les profilés, etc. Seuls les produits A étaient syndiqués, les usines gardaient la liberté de vente des autres : ainsi donc la réglementation portait sur les seuls produits rapprochés de la fonte et qui se faisaient par masses.

Lorsqu'un métallurgiste allemand entre dans un syndicat, c'est toujours pour y dépasser son voisin et prendre le premier rang ; il ne le peut que par l'augmentation de son chiffre de participation, consécutive de celui de sa production. Or, les métallurgistes syndiqués ne pouvaient vraiment développer celle-ci qu'en assurant leur indépendance pour la fonte. Le Syndicat de l'acier encourageait donc la production de fonte, mais par les usines de transformation. Les résistances du début, qui vinrent des Lorrains et surtout des Wendel, ne tinrent guère ; bientôt tous les métallurgistes furent ainsi groupés : la production de la fonte en Allemagne doubla presque, passant de 10 millions en 1904, à plus de 19 millions en 1913, et spécialement la Westphalie porta ses positions de moins de 4 millions à plus de 8.

Le Syndicat était visiblement en faveur de la Westphalie et avait pour objet de renforcer ses positions. C'est ainsi que les prix de vente furent établis non à l'usine, mais à la gare d'intersection la plus avantageuse à l'acheteur ; comme la région rhénane-westphalienne était bien mieux partagée au point de vue des transports que les régions lorraines du Sud-Ouest, elle trouvait là un avantage marqué et dont elle sut profiter : de 1905 à 1910, quand la production de la fonte en

Westphalie était passée de 4 à 6 millions et demi
de tonnes, en Lorraine elle ne s'était accrue que
d'un demi-million de tonnes et pour tout le
Sud-Ouest l'accroissement ne dépassait pas
1.200.000 tonnes.

Mais on ne tarda pas à s'apercevoir que ces
privilèges de détail ne constituaient pas un obstacle suffisant à l'attrait que constituait pour
la métallurgie la position sur le minerai. La métallurgie allemande liait de plus en plus son sort
à l'exportation, il lui fallait donc les conditions
de production les plus économiques et le prix de
revient le plus abaissé et, quoi qu'elle fît, ce
n'était pas en Westphalie qu'elle les pouvait
trouver. La métallurgie westphalienne s'était
sans doute assuré son indépendance pour le
charbon ; elle avait bien accru le nombre de ses
fourneaux et le chiffre de sa production de fonte,
mais elle restait pour le minerai tributaire de la
Lorraine et surtout de l'étranger, car il semble
qu'elle ait, par-dessus tout, voulu ne pas dé-
pendre exclusivement de ses confrères lorrains.

Le plus proche était le minerai de Briey,
dont la teneur en fer était plus forte et qui, surtout, étant calcaire, permettait d'économiser
l'addition, nécessaire pour les autres, d'un fondant assez coûteux. Mais encore, de cet avantage,
la Lorraine annexée pouvait-elle plus facilement
profiter. Et si ses métallurgistes montraient un
peu plus d'esprit d'entreprise, s'ils s'avisaient de
chercher chez eux le charbon qui y était et si,
faisant eux-mêmes leur coke au lieu de l'acheter
tout fait, ils arrivaient à découvrir que le char-

bon lorrain de la Sarre pouvait, donner un
coke métallurgique possible, alors, quoi qu'on
fit, la métallurgie allemande ne pouvait plus être
écartée de ce coin privilégié où l'on pouvait produire au meilleur prix.

Le gouvernement impérial avait entrevu et
calculé la gravité d'une telle concentration métallurgique sur ces frontières, sur ce champ de
bataille séculaire : l'empêcher fut son objectif et,
inspira sa politique.

IV

LE CHARBON, AME DE LA MÉTALLURGIE
ALLEMANDE

Le rôle prépondérant, que le procédé Thomas a donné au minerai, le procédé Siemens-Martin le redonne à la houille. — La Westphalie retrouve l'avantage, qu'elle accroît par le renforcement de la production de coke et l'utilisation des sous-produits. — Le coke et le gaz dans la métallurgie ; le charbon devient le producteur d'énergie de l'usine métallurgique. — La Lorraine, avec la Sarre, aurait pu bénéficier du même avantage, pourquoi n'en fut-il pas ainsi et pourquoi les métallurgistes français de l'Est continuèrent-ils à prendre leur coke en Westphalie ?

ON a d'ores et déjà reconnu les deux grands avantages de la métallurgie westphalienne, le charbon et le Rhin ; si la Lorraine avait eu l'un et l'autre ou même simplement l'un ou l'autre, elle dominait sa concurrente par un prix de revient inaccessible et la métallurgie allemande inévitablement se devait concentrer sur la frontière. Il ne dépendit que du gouvernement prussien qu'elle eût les deux, mais l'équilibre économique, militaire et politique de l'empire

s'en fût trouvé bouleversé : aussi tout fut-il
mis en œuvre pour les lui interdire.

On dit constamment que la Lorraine n'a pas
de charbon, et c'est inexact : la Lorraine a le
charbon dans le bassin de la Sarre et dans son
prolongement mosellan, mais depuis 1815, tous
les charbonnages de la Sarre étant possédés et
exploités par le fisc prussien, la jouissance de cet
avantage dépendait du bon vouloir de l'État,
dont l'intérêt politique était de le refuser, et voici
comment ce résultat fut obtenu.

Le procédé Thomas assignait au phosphore du
minerai le rôle de comburant pour le maintien de
la fonte en fusion, et donnait ainsi au minerai un
rôle prépondérant et au charbon un rôle moindre. L'avantage était considér ble pour la métallurgie lorraine ; elle en profita d'autant mieux
que ses minerais, comme par prédestination,
avaient juste la proportion de phosphore nécessaire pour le nouveau traitement, et l'utilisation consécutive des scories phosphatées par
l'agriculture abaissa singulièrement le coût de
l'opération et le prix de revient.

Toutefois, sur ce dernier point — l'abaissement du prix de revient de l'acier — le procédé
Thomas n'était pas le dernier mot. Le jeune Anglais l'avait adapté au convertisseur Bessemer,
assurément parce que le seul alors usité en
Angleterre et avec lequel il avait pu faire ses
expériences, mais ce convertisseur était une cornue
de dimensions réduites et la limitation de l'opération en augmentait le prix. Logiquement, le

four Siemens-Martin était plus indiqué, car, faite là en grand, l'opération eût entraîné une plus forte réduction du prix de revient. La marche en demeurait la même, mais le principe était très différent : le renforcement de chaleur étant demandé par Siemens aux gaz de la houille, le rôle du charbon redevenait prépondérant. Les métallurgistes westphaliens comprirent le parti qu'ils en pouvaient tirer.

L'Allemand est utilisateur plus qu'inventeur ; il sait surtout mettre au point les découvertes des autres. Ce qu'il fit pour étendre le rôle sidérurgique de la houille et utiliser ses sous-produits est assurément une merveille d'ingéniosité et de sens à la fois pratique et national, et qui devrait servir d'enseignement à beaucoup. Le charbon était la grande force de l'Allemagne et c'était incontestablement développer sa puissance que d'en accroître les emplois. C'est à la production du coke, plus qu'à celle de la houille, que se mesure l'activité sidérurgique d'un pays : en 1912, l'Allemagne faisait plus de 32 millions de tonnes de coke, l'Angleterre plus de 20, la France arrivait péniblement à 3 millions 1/2 ! Et quand, au début de la guerre, la France avait 2.240 fours à coke à récupération des sous-produits, l'Allemagne en comptait pour le moins 30.000 [1].

Ce four à coke est constitué par une série de compartiments en briques, disposés à la façon de notre appareil à chauffage central. La houille y

---

[1] Dont 26.600 fours à récupération des sous-produits ; les fours à coke sans récupération ont presque totalement disparu en Allemagne.

est enfournée et le chauffage se fait extérieurement par les gaz mêmes de la combustion ; cette houille brûle lentement, se dégage de ses matières volatiles d'abord, puis donne ses goudrons et eaux ammoniacales et enfin comme résidu le coke. Le rendement de ces divers sous-produits varie suivant la nature de la houille, la température et la marche de l'opération : chauffée à 450°, une tonne de houille donnera 234 mètres cubes de gaz, 843 kilos de coke, 118 de goudron et d'eaux ammoniacales ; chauffée à 1 200°, 410 mètres cubes de gaz, 661 kilos de coke, 103 de goudron et d'eaux ammoniacales (1). Ainsi donc plus la température s'élève et plus s'élève le rendement en gaz et plus s'abaisse celui en coke.

Le coke, dans l'opération de la fusion sidérurgique, est l'élément actif, c'est lui qui réduit le minerai de fer ; il lui faut, à cet effet, certaines qualités, dont il se pourrait qu'on ait exagéré l'importance, car les maîtres de forges et leurs ingénieurs en parlent presque comme d'une opération d'alchimie. En fait, le coke métallurgique doit surtout avoir une dureté suffisante pour résister dans le fourneau à la charge du minerai et du fondant avec lesquels il est mêlé ; il doit être sec, donner en brûlant peu de cendres. Les meilleurs charbons « cokéfiables » ne doivent avoir que 22 à 24 0/0 de matières volatiles ; il était affirmé comme matière de dogme que seules les houilles grasses de Westphalie, d'Angleterre et du nord de la France présentaient ces qualités.

---

(1) *Information*, 8, 9, 10, 24 juin 1916.

La France avait donc, près de sa métallurgie
de l'Est, un charbon donnant un coke métallurgique parfait : pourquoi n'eut-il pas davantage
une aussi louable destination ? Pendant longtemps
on ne tira, en France, de la houille que le coke et
après, bien après, le gaz ; les autres sous-produits,
si précieux pourtant, étaient presque entièrement
perdus. Pour un pays aussi peu riche en houille
que la France, ces sous-produits étaient pourtant
si gulièrement importants et d'un grand
prix, comme le benzol, d'où dérivent les puis-
sants explosifs, comme le sulfate d'ammoniaque,
très recherché par l'agriculture (¹). Un tel gas-
pillage ne saurait être imputé à l'ignorance ; ce
fut, en effet, à Saint-Étienne qu'en 1857, pour la
première fois, fut faite l'expérience de la récupération des sous-produits de la houille. On ex-
pliquerait peut-être cette négligence par le fait
que cette utilisation eût nécessairement amené
une diminution des prix des charbons et des
cokes, et que nos houillères trouvaient plus avantageux de gagner autant, sinon plus, avec d'autant moins de peine que le coke d'importation
arbitrait les cours nationaux.

Cette politique-là ne fut pas celle de l'Allemagne, et on soupçonnera l'accroissement de
force qu'elle tira de cette invention française
quand on saura qu'en 1913 on y distilla plus de
50 millions de tonnes de houille, qui donnèrent
33 millions de tonnes de coke, plus d'un million

(¹) La France ne produisait, à la veille de la guerre, que
15.000 tonnes de benzol et en achetait 25.000 à l'Allemagne ; la
France ne tirait de sa houille que 60.000 tonnes de sulfate d'ammoniaque, l'Allemagne 450.000 !

de tonnes de goudron, 110.000 tonnes de benzol, 450 000 de sels ammoniacaux : de la seule vente de ces deux derniers produits, l'Allemag e tirait un bénéfice de plus de 150 millions de marks.

La métallurgie westphalienne surtout en eut le bénéfice ; elle trouvait là le moyen d'abaisser son prix de revient et de réduire son désavantage quant au minerai. Une invention nouvelle, accroissant encore le rôle sidérurgique de la houille, lui permit de reprendre presque l'avantage et de controbattre les positions de la métallurgie du Sud-Ouest.

Le procédé Siemens-Martin étant basé sur l'utilisation des gaz de la houille, l'Allemagne, et spécialement la Westphalie, avaient intérêt à le généraliser, mais il était coûteux, exigeant beaucoup de houille et une forte proportion de minerais purs et lointains. D'incessantes améliorations y furent apportées. On l'adapta aux minerais phosphoreux et la vente des scories phosphatées le rendit économiquement praticable : de 300.000 tonnes en 1894, la production d'acier Martin passa en Allemagne à 7.330.000 en 1913, dont 4.600.000 pour la Westphalie, et 500.000 seulement pour le Sud-Ouest.

Le gaz n'a pas qu'un pouvoir calorifique ; il est producteur de force : le mètre cube de gaz fournit, en moyenne, 8 à 900 calories et il en faut 2.000 à 2.500 pour un cheval-vapeur. Dans les dernières années du siècle on s'aperçut en Allemagne du parti à en tirer. Le haut-fourneau donne 2.500 mètres cubes de gaz, soit 35 chevaux-vapeur par tonne de fonte, soit 5.250 pour un four-

neau produisant journellement 150 tonnes, soit
20 millions pour les 19 millions de tonnes de
fonte que l'Allemagne produisait en 1913. Il y
avait là une économie sérieuse ; elle fut réalisée, au rapport de Fritz Thyssen (¹), « quand
la concurrence de plus en plus grande poussa
les métallurgistes à réduire de plus en plus
le prix de revient », mais alors l'adoption en
fut rapide et en peu de temps la force motrice
provenue des gaz du haut-fourneau actionna à la
fois fourneaux, laminoirs, aciéries ; le charbon
devint le producteur d'énergie de l'usine métallurgique tout entière, l'âme de la sidérurgie.

C'était pour la métallurgie westphalienne un
atout majeur, mais à la condition que celle du
Sud-Ouest n'en pût bénéficier, et ne le pouvait-
elle pas avec les houillères de la Sarre ?

« Quand tout le monde dit une chose, il y a
des chances que ce soit une sottise » : ce n'est
pas au point de vue minier et métallurgique qu'on
pourrait s'inscrire en faux contre cette boutade.
C'est ainsi qu'il a été dit et redit, avec toutes les
garanties officielles et techniques, que le minerai
lorrain était inapte à la métallurgie, qu'il n'y
avait pas de charbon dans le nord de la Westphalie, qu'il n'y avait pas de minerai de fer en Normandie, etc., etc. On affirme, avec la même force
et peut-être avec la même sincérité, que le charbon de la Sarre ne peut donner de coké métallurgique ; on le dit en Allemagne, on le dit en France,

(¹) *La métallurgie du fer*, par PAUL DOUMER (Paris, Vuibert.
1912) ; le chapitre sur la métallurgie allemande est de Fritz Thyssen.

avec insistance, avec le coup de poing sur la table,
et il en est même qui considèrent presque comme
une offense le moindre doute émis sur cette af-
firmation. Assurément il y a un intérêt en jeu.

Cet intérêt pour l'Allemagne s'aperçoit : si le
charbon de la Sarre aidait à la sidérurgie, la métallurgie westphalienne serait hors d'état de
lutter avec celles du Sud-Ouest, dotées à la fois
du minerai et du charbon ; inévitablement, la métallurgie allemande se concentrerait là, sur la
frontière : politiquement, le charbon de la Sarre
ne devait pas convenir à la sidérurgie.

Mais en France ? pourquoi les métallurgistes
français de l'Est tenaient-ils tant à ne prendre
leurs cokes qu'en Westphalie ? Le coke de Westphalie est supérieur, prétendait-on, mais celui
de notre bassin du Nord le valait ! pourquoi ne
pas aller là ? par solidarité, et pour ne pas retirer
aux houillères françaises de plus fructueux bénéfices, car la fabrication du coke est la plus
rémunératrice ? Mais la Sarre ? s'ils trouvaient
là près d'eux ce coke qu'ils prenaient si loin,
même moins bon, ne leur eût-il pas été plus
avantageux ? Ils auraient dépendu du fisc prussien ? était-il plus agréable d'être à la merci de
leurs concurrents de Westphalie ? pourquoi vouloir continuer à subir des prix, qui ne devaient
tout de même pas être des prix de faveur ?

Assurément parce que leurs vendeurs de coke
de Westphalie étaient aussi acheteurs de leurs
minerais de Briey ? Ces concessions de Briey
avaient été avec raison attribuées aux métallurgistes, et ceux-ci, en 1913, vendaient à l'étranger

plus de 8 millions de tonnes de minerai dont pour le moins 3 millions à l'Allemagne (*); c'était un bon bénéfice, et d'autant plus intéressant que ceux de Briey vendaient leurs minerais aux Westphaliens au quadruple de sa valeur. Les métallurgistes de l'Est étaient très jaloux de cette clientèle de leurs confrères Westphaliens : le moyen de la conserver était de créer une réciprocité, en leur donnant leur clientèle pour le coke, do ut des.

Sans doute ce coke leur revenait cher, mais comme, en même temps que métallurgistes, plusieurs étaient exploitants houillers, ils trouvaient un ample dédommagement.

Le cours du coke français était, en effet, réglé par celui du coke allemand de Westphalie rendu en Meurthe-et-Moselle et, par suite, majoré du prix du transport ; le bénéfice était donc majoré de toute la différence kilométrique d'Essen à Sarrebrück : et comme, d'autre part, le cours des cokes français renchérissait celui des houilles ordinaires, la situation bénéficiait à tous les producteurs houillers ; une conjuration d'intérêts particuliers s'opposait donc à l'emploi en France des malencontreux cokes de la Sarre, et l'on prétexta qu'ils ne convenaient pas à la métallurgie.

(*) Comité des Forges de France. Circulaire 587. Les importations de minerai de fer français en Allemagne étaient exactement, en 1913, de 3.611.000 tonnes et les minerais de l'Ouest de la France n'entraient en compte, en 1912, que pour 589.000 tonnes. Le rapport de la Commission permanente des valeurs de douane pour 1913 (p. 291) déclare qu'en 1912, 8.325.000 tonnes de minerai furent exportées de Meurthe-et-Moselle, dont 5.673.000 en Belgique, 2.600.000 en Allemagne : ces chiffres furent certainement dépassés en 1913.

Ce ne sont peut-être encore là que conjectures et présomptions et, après tout, il n'est pas radicalement impossible que le charbon de la Sarre ne puisse donner un bon coke métallurgique ; dans ce cas, cette inaptitude était pour servir singulièrement les desseins du gouvernement allemand. Pourtant une chose est d'acheter du coke et une autre d'acheter de la houille pour faire soi-même son coke, et on conviendra qu'il est tout de même curieux que les usines qui achetaient leur coke aux mines fiscales de la Sarre en reçussent un très mauvais, alors que celles de ces usines qui achetaient à ces mêmes mines les mêmes charbons à coke et qui faisaient elles-mêmes leur coke en avaient un fort acceptable!

~~~~~~

V

LES CHARBONS DE LA SARRE ET LEUR PRÉTENDUE INAPTITUDE MÉTALLUR- GIQUE

Le bassin de la Sarre, monopole du fisc prussien : sa richesse. — La politique fiscale de la Sarre : restreindre la production houillère pour empêcher le développement industriel du Sud-Ouest. — Spécialement, au point de vue métallurgique, le fisc sabote la fabrication du coke pour amener une élévation du prix de re- vient en obligeant les métallurgistes à se fournir de cokes de Westphalie. — La soi-disant inaptitude métallurgique des cokes de la Sarre : preuves de la mystification par les déclarations de la Chambre de commerce de Sarrebrück. — La politique fiscale des houillères de la Sarre tournée contre le Sud-Ouest et en faveur de la Westphalie.

LE premier nous avons affirmé sur le bassin houiller de la Sarre les droits de la France (¹). Rappelons qu'il part du Hunsruck et s'étend de Frankenholz dans le Palatinat bavarois jus- qu'aux environs de Pont-à-Mousson, où il se

(¹) *Correspondant*, 25 juillet et 10 août 1915, et mon livre *L'Alle- magne et le fer* (Perrin, 1916).

poursuit géologiquement, mais à de grandes profondeurs. La partie située en Prusse rhénane — soit le district de Sarrebrück, la majeure partie de ceux d'Ottweiler et de Sarrelouis, certaines parties de Saint-Wendel et de Merzig — en somme la presque totalité du bassin, et spécialement la zone des charbons gras à coke, appartient, depuis 1815, à l'État prussien et est exploitée par lui : c'est un domaine minier de 1.110 kilomètres carrés, où l'on compte 78 puits d'extraction. En dehors de ces mines fiscales, il n'existe, dans cette partie de la Prusse rhénane, que sept concessions particulières, dont une seule exploitée, Hostenbach, près de Sarrelouis. A l'Est, une pointe du bassin se trouve dans le Palatinat, où les trois mines de Frankenholz, Mittel-Bexbach et Saint-Ingbert sont possédées et exploitées par l'État bavarois, mines excellentes, dans la zone des charbons gras. Ainsi, dans tout son développement en Prusse rhénane, le bassin de la Sarre fut de tout temps domaine réservé de l'État prussien et, bien avant la loi de 1865 qui donnait les mines à leur inventeur, le fisc les avait raflées toutes et spécialement celles de la zone des charbons gras : il barrait ainsi les voies à l'industrie privée (¹).

Celle-ci dut limiter à la partie lorraine son action et le champ de ses recherches. Le plus notable résultat fut l'équipement par les Wendel de Petite-Rosselle et de Forbach, plus de 5.000 hec-

---

(¹) GRUNER et BOUSQUET, *Atlas général des houillères (Houillères de France, 1911)* ; L. GOUVY, *Le bassin houiller de la Sarre (Journal des Économistes, 15 octobre 1915).*

tares, avec des couches très épaisses, à 350 mètres,
vrai morceau de roi qui alimentait, avant 1870,
les usines de Stiring, de Moyeuvre, d'Hayange et
dont ses heureux bénéficiaires tirent annuellement
deux millions de tonnes de houille. Avant 1870, dix
autres concessions, d'une étendue de 22.000 hectares, avaient été accordées dans cette partie lorraine du bassin ; deux seulement sont exploitées,
la Houve et Sarre-et-Moselle, et à elles deux produisent également 2 millions de tonnes. Dans ce
même coin, en 1900, une campagne de sondages
fut entreprise avec le concours de capitaux français et allemands ; 28.000 hectares furent attri-
bués, mais aucune exploitation n'est encore commencée. « La grande richesse du gisement actuellement mis en valeur par les charbonnages de la
Houve, de Sarre-et-Moselle et de Saint-Avold,
déclare M. Gruner, permet d'assurer que le développement du bassin lorrain va s'accentuer très
rapidement au détriment des houilles de Sarrebrück. »

Ainsi, dans sa très grande partie prussienne et
lorraine, le bassin de la Sarre est encore à peine
exploité ; c'est un terrain inconnu qui réserve
d'heureuses surprises. On s'accorde à le dire
« très riche » (¹), « extrêmement riche » (²) en
houille. En 1913, au congrès géologique du Canada, on a évalué à 9 milliards 769 millions de
tonnes ses réserves reconnues jusqu'à 1.200 mètres, à 6 milliards 779 millions celles au delà :

(¹) GRUNER, livre cité.
(²) Rapport de la Chambre de commerce de Sarrebruck (*Comité
des houillères*. Circulaire 4109).

évaluation probablement inférieure à la réalité, car l'ingénieur des mines de Dechen a chiffré à 45 milliards la réserve totale du bassin (¹). A ce même congrès, les réserves houillères, connues et probables, de la France entière étaient évaluées à 17 milliards dont 8 pour le bassin du Nord et du Pas-de-Calais (²).

En s'en tenant à l'évaluation la plus réduite, le bassin de la Sarre, à lui seul, dépasserait l'ensemble de toutes les houillères françaises.

L'exploitation des mines fiscales de la Sarre fut toujours des plus réduites et d'une modération dont on ne peut se faire une idée, même en France. C'est surtout depuis 1900 qu'en Allemagne l'extraction houillère fut intensifiée ; dans les divers bassins la production doubla (96.309.000 tonnes en 1900 — 191.511.000 en 1913), seule la Sarre resta en dehors de ce mouvement, ne passant que de 10 à 13 millions, alors pourtant que, pendant cette période, dans la région du Sud-Ouest qu'elle approvisionnait, la production de la fonte allait de 2.814.000 à 7.791.000 tonnes. Dans un rapport sur « la politique suivie, au point de vue de l'extraction et des prix, par les mines fiscales de la Sarre de 1902 à 1910 » — document décisif, où sont posées toutes

---

(¹) En comptant toutes les couches jusqu'à l'épaisseur minima de 70 centimètres, on arrive à un total de 33 milliards de tonnes, dont 5.631 millions au-dessus de 1.000 mètres ; en comptant les veines de 30 centimètres, le total est de 53 milliards 1/2, dont près de 10 milliards au-dessus de 1.000 mètres (L. Gouvy, article cité).

(²) Comité des Forges. Circulaire 587.

les données du problème envisagé (¹) — la Chambre de commerce de Sarrebrück affirmait que la conséquence de cette politique fut que « le Sud-Ouest n'a pu faire progresser son industrie que lentement et qu'il est resté sensiblement en arrière dans l'essor général de l'industrie allemande ».

Le développement industriel n'est point continu ni régulier, mais procède par saccades, par poussées ; il se mesure à l'état de la demande, la dépassant aux époques de hausse, se rétractant à celles de baisse. L'industriel doit donc profiter des périodes d'activité pour avancer ses positions, renforcer son rendement et amasser le plus de bénéfices pour pouvoir traverser impunément les temps de dépression. C'est une loi économique qui vaut ce qu'elle vaut, mais qu'il faut prendre comme elle est. Cette marche en avant n'est possible que si l'industriel possède, à discrétion, ses matières premières et la plus essentielle, le charbon. Les charbonnages ont ainsi le contrôle de toutes les industries ; toutes en dépendent puisqu'ils leur dispensent leur énergie : par suite, dans ces périodes d'activité, l'industrie houillère ne doit pas se régler sur la production, mais la dépasser. C'est ce que fit généralement le Syndicat rhénan-westphalien, c'est ce que ne firent jamais les houillères d'État de la Sarre.

Au rebours du reste de l'Allemagne et même de

(¹) Ce document, qui est la principale référence pour cette partie de notre étude, a été publié par le *Comité des houillères de France* (Circulaire 4109).

ses mines fiscales de Silésie, l'État prussien eut
dans la Sarre une politique de production limitée
et de prix chers ; il exploita ses houillères à la
française. Son but évident était de contrarier le
développement économique de cette région du
Sud-Ouest, et surtout d'y rendre impossible cette
concentration métallurgique, que le souci de
la défense nationale interdisait expressément.

*Les mines fiscales de la Sarre — lit-en dans le rapport
de la Chambre de commerce de Sarrebrück — ne déve-
loppent pas leur production en proportion de l'élévation
de la demande, mais la restreignent au contraire pour maintenir des prix élevés... Jamais ces mines fiscales n'ont
pu, aux époques de grande activité, fournir à l'industrie
du Sud-Ouest tous les charbons dont elle avait besoin ;
jamais elles n'ont fait l'effort voulu pour augmenter leur
extraction d'une façon corrélative à l'accroissement de la
demande de produits houillers : au contraire elles sont toujours, de plus en plus, restées en deçà de cette demande.*

De fait, alors qu'en 1883 le fisc prussien fournissait 87 0/0 et, en 1900, encore 84 0/0 des
houilles consommées dans le Sud-Ouest, ce pourcentage n'était plus, en 1908, malgré un incroyable
développement industriel, que de 77 0/0, et certainement il s'est encore abaissé depuis.

Pour atteindre sûrement ce résultat, l'État prussien entrava d'abord toute extension des exploitations privées. On alla jusqu'à défendre aux particuliers d'exploiter les couches carbonifères qui
pourraient être découvertes dans leurs domaines
propres : tout le sous-sol minier de la Sarre fut
ainsi mis en interdit ; le fisc prussien détenait un
vrai monopole. Et pour ne pas se laisser forcer

la main, pour se garantir contre tout renforcement de production qu'eût pu amener l'exécution des contrats que, comme les autres, elles devaient passer avec les industriels, les mines fiscales avaient pris la précaution de donner à ces contrats un caractère unilatéral, qui obligeait les acheteurs à prendre, mais non les vendeurs à livrer ; elles étaient ainsi dégagées, aux époques de hausse, de l'exécution de leurs engagements ; faute d'un autre vendeur les usines étaient bien forcées de souscrire à ces exigences.

Produire peu, vendre cher. L'écart qui, déjà avant 1870, existait entre les prix des charbons de la Sarre et ceux des autres centres houillers ne fit que s'accroître. La tonne de houille, que le Syndicat rhénan-westphalien vendait 9 marks 50 en 1902, 9 marks 80 en 1908, coûtait 11 marks 54, 12 marks 04 dans la Sarre ; l'écart entre les charbons à coke de la Sarre et ceux de la Ruhr, de 23 0/0 en 1902, atteignait presque 40 0/0 en 1910. Fait à noter, le prix de ces charbons fiscaux de la Sarre, malgré leur infériorité prétendue, était pourtant, en 1907, de 4 marks supérieur à celui des houilles fiscales de Silésie.

Ce serait à croire vraiment que ces houillères fiscales de la Sarre aient voulu fournir des arguments contre les exploitations d'État. On n'a pas manqué d'ailleurs, en Allemagne et surtout en France, de trouver là une preuve impressionnante de l'inaptitude foncière de l'État à faire œuvre industrielle : c'était de bonne guerre, mais peu péremptoire, car l'État allemand montra, par ailleurs, qu'il savait exploiter même des houillères, et la gestion de ses mines de Silésie fut autrement louable que celle de la Sarre. On est donc ici en présence moins d'une incapacité congénitale que d'un sabotage politique conscient (¹).

Pour ce qui est du coke, la preuve apparaît clairement que le but cherché était l'arrêt du développement métallurgique de ces régions, et à ces fins il fut dit et redit, affirmé et proclamé officieusement et officiellement que le charbon de la Sarre était inapte à fournir du coke métallurgique. Voyons donc...

Pour estimer, au point de vue métallurgique, la qualité d'un coke, on doit examiner sa teneur en cendres et en eau, ainsi que sa consistance. Une trop forte teneur en cendres abaisse le pouvoir calorifique ; une trop grande porosité nuit à la résistance qui doit être suffisante pour supporter la charge du haut-fourneau. Cette porosité est particulière aux charbons riches en gaz, comme le sont ceux de la Sarre, et, si l'on ne surveille pas avec soin l'extinction de la masse « cokéfiée », le coke poreux absorbe plus facilement l'eau, qui alourdit son poids et est payée et transportée au prix du coke. Au rapport du directeur du syndicat

(¹) C'est d'ailleurs le sentiment de la Chambre de commerce de Sarrebrück : « Des exploitations d'État ne pourront jamais montrer d'aussi bons rendements que des exploitations privées, mais il nous semble qu'aucune exploitation d'État ne doit nécessairement aller, dans sa résistance aux exigences du marché, jusqu'au degré d'opiniâtreté dans la raideur dont usent les mines fiscales de la Sarre. »
Ajoutons que si cette exploitation anormale fut désastreuse au point de vue de l'intérêt des régions desservies, le trésor prussien en eut le profit ; les mines de la Sarre donnaient au budget, en 1912, un bénéfice net de 17 millions de marks.

des cokes de Bochum ([1]), un bon coke métallurgique ne doit pas avoir plus de 9 0/0 de cendres
et 4 0/0 d'humidité.

Un des métallurgistes les plus importants de
cette région du Sud-Ouest et qui a longtemps
pratiqué les cokes de Westphalie m'a certifié que
leur teneur en cendres était de 9 0/0 et l'humidité
d'environ 6 0/0. Les détracteurs des cokes de la
Sarre affirment que la teneur en cendres des
cokes westphaliens est de 5 0/0 : il n'empêche
que pendant longtemps et jusqu'à 1907, le
syndicat des cokes de Westphalie livra des cokes
métallurgiques à plus de 22 et parfois à 29 0/0
de cendres et d'eau ; l'abus provoqua de vives
plaintes qui eurent même leur écho dans la *Kœlnische Zeitung* ([2]). Admettons que, depuis, cette
malfaçon ait cessé, que les cokes de la Ruhr
ne donnent plus aujourd'hui !que 9, même 5 0/0
de cendres ; la Chambre de commerce de Sarrebrück reconnaissait, en 1910, que ceux de la
Sarre pouvaient être ramenés à 6 0/0 : l'identité
serait presque absolue.

La grande raison donnée de l'infériorité des
charbons de la Sarre quant à la cokéfaction est
que leur teneur en gaz, plus élevée que celle des

([1]) GRANDET, livre cité, p. 111.

([2]) Cet article est reproduit dans le même livre de M. GRANDET,
p. 111 ; en voici un extrait : « Sous l'action de la libre concurrence,
une firme se garderait bien, ne fût-ce que dans l'intérêt de son
bon renom professionnel, de livrer des cokes d'une teneur de
29 pour 100 de cendres et d'eau. Mais sous le manteau du syndicat,
tout est bon à livrer: l'acheteur doit encore s'estimer heureux de
recevoir sa marchandise ; il se rend incommode par ses plaintes,
il n'est que plus mal traité. Tout tremble devant le syndicat : voilà
bien la liberté allemande tant vantée du commerce et de l'industrie. »

charbons de la Ruhr [1], — 32 0/0, 24 0/0, — rend le coke poreux, et le prédispose, au cas où le réfroidissement n'est pas fait soigneusement, à s'imprégner d'eau. Or, précisément, cette malfaçon fut la pratique habituelle des mines fiscales. Le rapport de la Chambre de commerce de Sarrebrück affirme bien que les cokes vendus par les mines fiscales sont outre mesure imprégnés d'eau, mais il note que ce défaut de fabrication est spécial à ces mines fiscales et ne se retrouve pas dans le coke fabriqué par les usines elles-mêmes avec des charbons à coke achetés aux mêmes mines fiscales : « *De nombreuses expériences, affirme-t-il, ont prouvé aux usines métallurgiques de la Sarre que le coke de leur propre fabrication renferme sensiblement moins de cendres et moins d'eau que celui des fours à coke des mines fiscales.* » On est donc bien là en présence d'une malfaçon et il serait surprenant qu'elle ait été involontaire.

Au surplus, de ce coke, tel quel, la métallurgie de la Sarre s'accommodait. En 1898, le pourcentage des cokes de la Sarre consommés par les hauts-fourneaux de la région était de 95 0/0 de la consommation générale ; en 1908, il était encore de 84 0/0 et la diminution constatée n'était pas due à l'infériorité de la qualité du produit, mais aux quantités systématiquement insuffisantes livrées par les mines fiscales.

Dans cette période 1898-1908, d'intense activité sidérurgique, la production de fonte dans la

---

[1] Il faut noter que si c'était là un désavantage avant l'emploi du gaz comme producteur d'énergie, la situation depuis se trouvait renversée.

Sarre doubla, de 554.000 passant à plus d'un million de tonnes. Normalement, pour répondre à cette demande et permettre la marche en avant, il eût fallu que les mines fiscales triplassent et même quadruplassent leur extraction de houille ; elle n'alla, au contraire, que de 1.752.000 à 2.497.000 tonnes, et la fabrication du coke de 875.000 à 1.200.000 tonnes. Le prix des cokes, naturellement, monta de 17 marks 20 en 1902, à 20 marks 80 en 1908.

Si donc les usines de la Sarre furent obligées de recourir à des cokes étrangers, qui leur revenaient plus cher, la raison ne provenait pas d'une inaptitude foncière du charbon de la Sarre à donner du coke métallurgique, mais bien de la restriction systématique et intentionnelle apportée par le fisc prussien, détenteur d'un monopole, à l'extraction de ses houillères et à la fabrication du coke.

Mais alors, pensera-t-on, puisque ce charbon de la Sarre, préparé directement par les usines, donnait un coke meilleur que celui fabriqué par les mines fiscales, il ne dépendait que de ces usines d'installer des fours à coke et de faire elles-mêmes leur coke au lieu de l'acheter tout fait ? Certaines le firent, notamment Burbach, et l'on vit la production du coke par les hauts-fourneaux de la Sarre s'élever de 591.000 tonnes en 1898 à 857.000 en 1908 : à cette dernière date, le coke fiscal n'entrait plus que pour un sixième dans la consommation des hauts-fourneaux de la Sarre, celui de la Ruhr pour un douzième seulement. La sidérurgie de la Sarre reconquérait ainsi peu à peu son indépendance, et son exemple devait d'autant mieux être suivi par celle de Lorraine qu'elle semblait y avoir plus d'intérêt, et que le rôle nouveau joué par le gaz comme producteur d'énergie était même à l'avantage des charbons de la Sarre, plus volatils que ceux de la Ruhr.

La gouvernement prussien prit ombrage d'une telle menace d'émancipation. A dater de 1902, — soit du jour où la métallurgie de Westphalie prenait l'offensive contre le Sud-Ouest et demandait à cette utilisation du gaz l'abaissement de son prix de revient, — l'extraction par les mines fiscales des charbons à gaz reste quasi stationnaire, ne passant de 1.752.000 tonnes en 1902 qu'à 2.407.000 en 1908, production si déficitaire au regard de la demande que, pour produire leur force, les usines métallurgiques de la Sarre furent dans l'obligation d'acheter chaque année plus de 600.000 tonnes de charbon à vapeur, — soit le quart de leur consommation, — et naturellement cette raréfaction du produit en haussa le prix [1].

Le résultat cherché fut atteint et la Chambre de commerce de Sarrebrück l'enregistrait ainsi :

Si les mines fiscales livraient aux usines autant de charbons à coke qu'elles ont besoin, ces usines seraient non seulement capables de produire elles-mêmes toute la

[1] En 1902, le coke de leur propre fabrication revenait aux usines de la Sarre à 3 marks par tonne meilleur marché que ne coûtait aux usines de la Moselle le coke de la Ruhr rendu sur place. Les mines fiscales haussèrent si bien le prix des charbons à coke qu'en 1910 l'écart n'était plus que de 30 pfennigs.

fonte qui leur est nécessaire, mais, en outre, avec la force seule due aux gaz provenant de la fabrication du coke et de la fonte, elles seraient en mesure de transformer en produits finis l'acier qu'elles obtiennent. Si tel n'est pas le cas, la faute en est uniquement aux mines fiscales de la Sarre... Leur politique de prix de vente doit fatalement amener d'importants déplacements de centres industriels et commerciaux.

VI

LA POLITIQUE IMPÉRIALE CONTRE LE SUD-OUEST : LA CANALISATION DE LA MOSELLE ET DE LA SARRE

Au rebours des métallurgistes français de l'Est, ceux de la Lorraine annexée et de la Sarre essaient de se libérer de leur dépendance pour le coke westphalien. — Réveil de la maison de Wendel sous la gérance de Charles de Wendel. — Les métallurgistes westphaliens se voient dans une situation de plus en plus précaire pour le minerai : au lieu d'acheter le minerai français, ils s'efforcent de prendre les mines et de s'assurer ce minerai au prix d'extraction. — L'État allemand leur accorde des tarifs de faveur pour le transport des minerais français.

La canalisation de la Moselle et de la Sarre. — Le Sud-Ouest privé de débouchés alors que la Westphalie bénéficie de toutes les faveurs. — La canalisation de la Moselle et de la Sarre corrigerait facilement ce désavantage : son effet sur les prix de revient et de transport. — Efforts persistants du Sud-Ouest pour obtenir ce débouché indispensable : opposition irréductible du gouvernement prussien. — La raison de cette opposition : la canalisation de la Moselle ferait émigrer la métallurgie westphalienne sur la frontière.

Ainsi donc le coke fabriqué et vendu par les mines fiscales de la Sarre était défectueux au point de vue métallurgique, mais le coke que les usines métallurgiques tiraient elles-

mêmes des mêmes charbons des mêmes mines
fiscales était parfaitement acceptable et assurément susceptible, pourvu qu'on le voulût, de pouvoir encore être amélioré. Les métallurgistes de
la Sarre avaient fini par s'apercevoir de cette
bizarrerie, mais ceux de Lorraine ne voulaient
toujours rien savoir : en 1908, quand les hauts-
fourneaux de la Sarre faisaient 857.000 tonnes de
coke et n'en prenaient que 130.000 de la Ruhr,
ceux de Lorraine ne fabriquaient guère plus de
90.000 tonnes de coke et en demandaient 2 millions à la Westphalie [1].

Une politique aussi anormale ne devait avoir
qu'un temps, et d'autant plus bref que ces métallurgistes n'avaient pas, comme ceux de France,
à ménager des clients pour le minerai, puisque
celui que les usines westphaliennes prenaient de
la Lorraine annexée provenait en presque totalité
des mines qu'elles y possédaient. Inévitablement
les maîtres de forges lorrains devaient finir par
s'apercevoir de l'avantage qu'ils auraient à faire
eux-mêmes leur coke ; ils en étaient sans doute
empêchés par le fisc prussien, qui détenait dans
la Sarre la zone alors connue des charbons gras,
mais le dernier mot n'était pas dit sur les ressources du bassin, que les géologues affirmaient
illimitées.

Ce bassin se prolongeait dans toute l'étendue de
la Lorraine et précisément de nouveaux gîtes venaient d'être découverts et des concessions oc-
troyées : l'extraction de la houille en Lorraine,

[1] *Houillères de France.* Circulaires 4057 et 4109.

de 774.000 tonnes en 1890, d'un million en 1900, monta à 2.367.000 tonnes en 1908 (¹) et elle devait dépasser 4 millions en 1912 (²). C'était la marche vers l'émancipation et pour le monopole du fisc prussien une sérieuse menace. Les métallurgistes westphaliens, qui, eux, ne partageaient pas les illusions volontaires ou non des autres sur l'inaptitude métallurgique des charbons de la Sarre, montraient une réelle inquiétude :

Dans la partie lorraine limitrophe au bassin houiller de la Sarre — déclaraient-ils en 1906 au ministre des Travaux publics — de nouveaux gisements viennent d'être découverts et dès qu'ils auront été mis en exploitation, *les hauts-fourneaux de Lorraine et du Luxembourg ne manqueront pas de s'alimenter en coke à proximité et à un prix tellement modéré que l'importation du coke de Westphalie s'en trouvera supprimée ou tout au moins réduite* (³).

Or, ces charbonnages découverts en Lorraine et susceptibles de donner du coke métallurgique se trouvaient dans le prolongement de Petite-Rosselle et de Forbach aux Wendel.

Jusque-là, la politique de la glorieuse maison lorraine n'avait pas été, en territoire annexé, ce qu'elle aurait pu être ; l'effort de ses dirigeants avait surtout été réservé à la France et nous aurons à en signaler ultérieurement les belles manifestations, mais la branche annexée avait

---

(¹) *Houillères de France.* Circulaire 4057.
(²) Gouvy, étude citée. — En 1908, la seule production de Petite-Rosselle était de 2 millions de tonnes.
(³) Le *Messin* (numéros des 20 au 27 février 1907).

un peu marché sur la vitesse acquise : de 134,500
tonnes en 1869, la production de fonte n'était
passée à Hayange, en 1900, qu'à 475.000 tonnes
environ (¹). La maison s'était laissé distancer
au point de vue métallurgique, et ne tenait que
le quatrième rang dans le syndicat de l'acier, et
encore à un assez long intervalle; elle avait principalement vécu sur ses avantages miniers et
cherché à les accroître, surtout au point de vue
houiller. Elle se constitua ainsi une grosse
collection de charbonnages : en plus des mines de
la Sarre, elle acheta des concessions en Westphalie,
en Belgique, à Aix-la-Chapelle, en Hollande, en
France même ; son domaine houiller, bien qu'un
peu dispersé, n'était pas moindre de 20.000 hectares. L'intérêt qu'ils avaient, en même temps
qu'à vendre du charbon, à faire du coke, la position formidable qu'ils en retireraient sur le marché
allemand étaient bien de nature à stimuler les
recherches : ils venaient ainsi d'installer à Hirsch-
bach une cokerie qui s'alimentait du charbon
des mines fiscales, ils pouvaient refaire l'essai
à Petite-Rosselle et, s'ils réussissaient, les Wendel
brisaient la politique du fisc prussien et les plans
du gouvernement allemand.

Précisément, en 1903, un changement se mani-
festait dans le gouvernement de Moyeuvre et
d'Hayange : la gérance avait été confiée à
Charles de Wendel, en qui semblait être passée
un peu de l'âme ardente et rude du grand aïeul
Ignace. Comme l'autre, celui-là revenait des pays

(¹) GRANDET, livre cité, p. 54.

lointains : un long stage aux États-Unis l'avait
mis au fait des grands progrès métallurgiques ; •
il voulut infuser à 'la vieille maison ce jeune
sang américain, aller de l'avant, rénover l'outillage, marcher de pair avec les grandes firmes
westphaliennes. La production fut renforcée : celle
de la fonte passait, en 1908, à 629.000 tonnes...
Un danger surgissait du côté des Wendel : le
géant se réveillait...

Si l'on réfléchit que l'avantage que la Westphalie détenait quant au coke reposait peut-être
sur une mystification intéressée, il apparaît bien
que, le charme rompu, la situation eût pu devenir
des plus graves pour la métallurgie westphalienne,
qui avait d'extrêmes difficultés pour le minerai.

1903 marque, en effet, une ère nouvelle pour
la métallurgie allemande. Jusque-là elle vivai'
sur le minerai lorrain, en tirant 17 millions de
tonnes sur 21 qu'elle consommait et n'en demandant que 4 millions à l'importation. A ladite
date, la situation se renverse totalement : quand
la production de la fonte double presque, de
10 millions 1/2 allant, en 1913, à 19 millions,
l'extraction minérale, loin de suivre cette poussée,
ne passa en Lorraine et en Luxembourg de 18 millions 1/2 qu'à 28 millions 1/2 ; la métallurgie
westphalienne dut faire appel aux minerais étrangers, dont les importations firent un bond de
4 à 14 millions de tonnes : en 1913, le minerai
étranger assurait' le tiers de la consommation
métallurgique de l'Allemagne.

— La Lorraine annexée n'avait jamais consommé
que la moitié de sa production de minerai, le reste

allait au dehors : toutefois son principal client
n'était pas la Westphalie, mais la Sarre et le
Luxembourg; ces deux derniers lui prenaient, en
1910, 3.600.000 tonnes contre 2.857.000 à la Westphalie et, comme on l'a dit, pour cette dernière la
presque totalité venait des mines que ses usines
avaient dans le bassin. Les métallurgistes westphaliens restaient donc indépendants de leurs concurrents du Sud-Ouest ; ils les tenaient, au contraire, par le coke, et pouvaient ainsi rétablir
l'équilibre du prix de revient.

Une telle position était essentielle et, plutôt
que de l'abandonner, ils préférèrent se mettre
dans la dépendance de l'étranger. Ils prétex-
tèrent l'infériorité progressive de la qualité du
minerai, et de fait — le rapport de la Chambre
de commerce de Sarrebrück en fait foi — à
dater de 1901 (c'est-à-dire du moment même
où la métallurgie westphalienne prit l'offensive
contre la Lorraine), la teneur ferrugineuse des
seules minettes de la Lorraine annexée baissa
sensiblement, — au lieu de 3 tonnes il en fallait
3 1/2 et même 4 pour une tonne de fonte, ce qui
augmentait sérieusement le prix de revient, —
alors que, par un contraste d'une curieuse ironie,
le minerai de Briey, qui commençait à être vendu
et exploité, présentait une teneur de 4 à 6 points
supérieure et toutes les qualités recherchées par
les usines westphaliennes [1].

---

[1] Dans son livre déjà cité : Le fer en Lorraine (p. 63), M. Gaÿau
donne cet extrait d'un rapport, présenté à la date du 8 octobre 1906
par une société allemande, dont il ne dit pas le nom :
« La minette lorraine devient tellement mauvaise d'année en
année qu'elle ne peut plus supporter le prix élevé du transport

Jusque-là, la métallurgie westphalienne avait eu, comme principaux et presque seuls vendeurs de minerais, la Suède et surtout l'Espagne ; en 1905, elle prenait 1.642.000 tonnes à la première et 3.163.000 à l'autre. A cette date elle changea ses positions et renforça ses importations suédoises qui s'élevèrent à 3 millions 1/2. Nécessairement cette demande renforcée releva les cours du minerai et avec eux le prix de revient des fontes westphaliennes. La Suède prit ombrage de ce pillage de sa richesse minière, et son gouvernement alors décida de limiter ces exportations.

La Westphalie se trouva en sérieux péril et toute la politique allemande en fut impressionnée. C'est le moment des difficultés suscitées au Maroc, où la France trouvait un surcroît de ce minerai tant convoité et dont nos métallurgistes devaient, d'ailleurs, donner une part à leurs confrères d'outre-Rhin ; c'est le moment où les plus grands clients de la Suède — Thyssen, Phönix, Gutehoffnung, Gelsenkirchen — multiplièrent leurs entreprises sur le sous-sol minier français, acquérant d'abord de leurs confrères de l'Est une douzaine de concessions dans le bassin de Briey,

---

actuel. Nos besoins de minette sont actuellement couverts en grande partie par notre participation à la mine *Reichsland*, mais les conditions défavorables signalées pour les minettes lorraines s'appliquent aussi aux minettes de cette mine. Les difficultés que l'on rencontra pour se procurer le minerai phosphoreux, difficultés qui pourront encore augmenter dans l'avenir, nous ont poussés à envisager, de concert avec d'autres usines, l'acquisition de gisements miniers étrangers. »

Cette mine *Reichsland* avait été cédée par les Wendel à Hörde et Hœsch, qui fusionna avec Phönix, et les mines étrangères, dont le projet d'achat est ainsi annoncé, sont Saint-André, Bully et Mattot dans le Calvados, que Phönix acquit, en effet, peu après.

puis mettant la main sur les mines de Normandie, dédaignées par les métallurgistes français et mises en interdit par la Direction des Mines.

Politique audacieuse, car il fallait à ces Allemands une singulière confiance dans l'avancement de leur flotte pour se mettre dans une telle dépendance de l'étranger et d'un ennemi. Voulaient-ils seulement intimider la Suède ? En tous cas, ils reconnurent vite les avantages de la situation, ils avaient leurs minerais au prix de la mine. La position la plus favorable était Briey : ils firent affaire avec les métallurgistes de l'Est qui avaient les mines de Briey. Ceux-ci, un peu trop animés par l'esprit de lucre, abusèrent de leur situation et leur vendirent leurs minerais au triple et au quadruple même de leur valeur (¹) ; ceux de Westphalie leur rendaient bien la monnaie de leur pièce en leur repassant le coke à des prix non moindres, mais, comme la métallurgie de l'Est détenait le monopole de fait de la fonte, et que sa politique était de produire aussi peu pour vendre aussi cher que possible, elle se souciait assez peu du prix de revient, car c'était le consommateur français qui faisait les frais.

Politique à courte vue dans son âpreté, car elle excitait ces métallurgistes westphaliens à s'assurer, par d'autres moyens, le minerai français au prix d'extraction. Le plus simple était d'abord de s'établir à proximité de Briey : déjà Thyssen avait pris position à Hagondange, et Gutte-

---

(¹) A la séance de la Chambre des députés, du 24 janvier 1919, M. François de Wendel a reconnu que les métallurgistes de l'Est vendaient leur minerai aux Allemands au quadruple de sa valeur.

hoffnung projetait un établissement à Thionville. C'était toujours le même problème de la concentration des métallurgies sur la frontière.

Une intervention gouvernementale sauva la Westphalie. En 1908, les chemins de fer d'État réduisirent d'un tiers leur tarif de transport des minerais de Briey sur la Westphalie — 6 marks par tonne au lieu de 9 — ce qui se traduisait par une diminution de plus de 2 marks du prix de revient de la fonte westphalienne, mais ils maintinrent dans leur rigueur les tarifs de transport des charbons et cokes de Westphalie sur la Lorraine (1) et relevèrent même les tarifs d'exportation des charbons de la Sarre (2). Les métallurgistes français trouvaient la compensation dans la vente avantageuse de leurs minerais, mais pour ceux du Sud-Ouest le coup était terrible. Les conditions de lutte n'étaient plus égales, et la Westphalie prit une sérieuse avance : l'écart entre la production de fonte des deux régions, en faveur du Sud-Ouest, avant cette mesure (4.451.000 tonnes — 4.202.000) était, en 1910, d'un million de tonnes (5.591.000 — 6.514.000) à l'avantage de la Westphalie.

Ce n'était pas encore assez. Si forte était l'attraction de la Lorraine et si favorables les conditions de production de la fonte Thomas que, même par ces moyens, l'équilibre n'aurait pu être rétabli si ces régions du Sud avaient bé-

---

(1) *Houillères de France.* Circulaire 3628.
(2) *Echo des mines,* 22 juin 1908.

néficié d'un régime normal de transports par
fer ou par eau ; on leur infligea un régime d'exception, qui équivalait, le mot n'a rien d'excessif,
à un vrai blocus intérieur.

La Lorraine et le Sud-Ouest se trouvaient, au
point de vue des débouchés, dans une position
géographique assez peu favorable, que le gouvernement impérial mit tout en œuvre pour maintenir
et aggraver. Les barrières douanières et des tarifs
de transport contraires interdisaient les marchés de
France et de Belgique, ceux d'outre-mer étaient
inaccessibles faute d'une ouverture sur le Rhin :
la Suisse restait leur seule cliente possible. Force
était donc de se rabattre sur le marché intérieur ;
or, ces régions du Sud-Ouest, les moins peuplées
de l'empire, n'avaient qu'un pouvoir d'absorption
limité, sans grandes villes ni gros centres industriels ; le grand marché du fer se trouvait sur la
rive droite du Rhin, l'accès leur en fut interdit.

Sans doute, dans cette région frontière, les
chemins de fer ne pouvaient pas ne pas être très
nombreux ; mais leur établissement avait été
surtout déterminé par des considérations straté-
giques et, ces industries eussent-elles essayé d'en
profiter, que des tarifs particuliers équivalant à
une véritable douane intérieure ne permettaient
guère à leurs produits de dépasser la zone hors de
laquelle ils eussent pu devenir dangereux pour
l'industrie transrhénane. Et pour assurer leur plein
effet à ces tarifs de défaveur, les chemins de fer
de l'État, qui avaient toutes les attentions et
toutes les prévenances pour les autres régions,
réservaient systématiquement au Sud-Ouest la

pire exploitation, la privant de wagons, ne lui en
donnant que de capacité faible, et obligeant les
grandes usines à s'assurer leurs propres transports par des transporteurs aériens ou des chemins de fer particuliers (¹).

Si la voie ferrée était si peu praticable, l'eau
restait et était moins coûteuse. La Westphalie
bénéficiait sans doute de la plus magnifique voie
fluviale de l'Europe, mais les régions du Sud-
Ouest pouvaient facilement avoir accès au Rhin.

Jusqu'à ce siècle, du fait de son cours capri-
cieux et encombré, de ses courbes et de ses rapides, la navigation régulière sur le Rhin, bien
que ne dépassant pas Mannheim, se traduisait
par un trafic considérable : en 1912, il n'était
pas moindre de 55 millions de tonnes, dont
34 millions pour le seul port de Ruhrort, lequel
dépassait comme tonnage les plus grands ports
fluviaux du monde, même Londres. La batellerie
rhénane se composait, à cette dernière date, de
1.571 remorqueurs, de 2.547 chalands en bois, de
8.410 bateaux en fer de 850 tonnes en moyenne,
mais dont certains atteignaient 3.000 (²).

Si intense que fût cette activité du Rhin, et
malgré un trafic par fer de 142 millions de tonnes,
ces moyens de transport ne furent bientôt plus
au niveau du développement industriel de ces
régions, et il fallut établir des voies d'eau pa-
rallèles. Ce fut assurément l'un des plus brillants

(¹) PAWLOWSKI; livre cité.
(²) VICTOR CAMBON, Les derniers progrès de l'Allemagne (Paris,
Roger, 1913). — Sur la canalisation de la Moselle, cf. une série
d'articles parus dans le journal Le Messin (20-27 février 1907).

efforts de l'organisation allemande, et la Westphalie en eut d'autant plus le bénéfice que l'accroissement énorme de la production houillère
et métallurgique en avait surtout imposé la
nécessité.

Le bassin houiller et métallurgique westphalien
avait accès au Rhin par la Lippe et la Ruhr, un
canal latéral à la Lippe fut établi. En outre, de
Dortmund, centre du bassin, un grand canal aboutissait à Emden donnant ainsi un nouvel accès
sur la mer du Nord ; il fut bientôt insuffisant. On
conçut alors et on réalisa le projet hardi de couper
le bassin houiller, dans sa partie la plus sur-
chargée d'usines, par un canal qui, partant du
Rhin à Ruhrort, entrerait en communication à
Herne avec le canal de Dortmund à Emden. Et
le projet n'était pas achevé qu'un autre canal
mettait en communication le Rhin et le Weser,
et ouvrait aux usines westphaliennes de nouveaux
débouchés intérieurs et extérieurs.

La Westphalie se voyait ainsi pourvue de trois
débouchés sur la mer ; sans pouvoir prétendre à
rien de comparable, la Lorraine et la Sarre auraient vu leur situation singulièrement améliorée
par la mise à exécution d'un projet infiniment
moins onéreux et beaucoup plus aisé.

Deux grandes voies fluviales traversaient les
bassins miniers où s'était concentrée l'activité
industrielle : la Moselle et la Sarre. La Sarre se
jette dans la Moselle en amont de Trèves, la Moselle se jette dans le Rhin à Coblentz : c'était un
jeu d'enfant que de canaliser l'un et l'autre de
ces fleuves et d'y relier le Luxembourg par le

canal projeté de la Chiers. Le Rhin ainsi ouvert aux métallurgies du Sud-Ouest, les marchés d'outre-mer devenaient accessibles, c'étaient des débouchés et un développement dont on ne pouvait prévoir les limites puisque cette relation directe avec le bassin rhénan-westphalien devant nécessairement amener un abaissement du prix des cokes eût réduit d'autant le prix de revient de la métallurgie Sud-Ouest.

On calculait ainsi que la canalisation de la Moselle abaisserait pour la Lorraine de 1 mark 84 le prix de revient de la fonte, de 2 marks 36 et de 3 marks 13 celui du transport à Rotterdam des demi-produits finis (¹) ; que la canalisation de la Sarre abaisserait, dans cette région, de 1 mark 63 et 1 mark 57 le prix de revient et de 1 mark 38 et 4 marks 28 le prix de transport à Rotterdam des demi-produits et des produits finis ; que le canal de la Chiers à la Moselle apporterait au Luxembourg les mêmes avantages. Le coût des travaux avait été chiffré à 40 millions de marks pour la canalisation de la Moselle, à 27 millions pour la canalisation de la Sarre, à 48 millions pour le canal de la Chiers.

Il va de soi que les régions intéressées réclamaient ces travaux [d'une nécessité publique évidente, mais elles y mettaient moins de force que l'administration prussienne à les refuser. La canalisation de la Moselle fut une de ces questions où une administration montre toute la mesure du mal qu'elle est capable de faire ; elle ne le

---

(¹) PAWLOWSKI, livre cité.

put en Allemagne que parce qu'un intérêt politique supérieur était derrière.

Cette canalisation de la Moselle avait été décidée en 1807 et en partie réalisée par Napoléon III : en 1870, la section Frouard-Pagny était achevée, les travaux jusqu'à Jouy-aux-Arches et Ars fort avancés, ceux de Jouy à Metz commencés. Le traité de Francfort stipula que la France et l'Allemagne poursuivraient les travaux chacun sur son territoire, mais le gouvernement allemand, qui toujours eut une façon à lui de comprendre les traités, interpréta cette obligation comme relative à la seule partie entre Metz et la frontière et ne les poursuivit pas en aval de la grande cité lorraine.

Quand, en 1887, le procédé Thomas entra en application, les maîtres de forges de la province rhénane et de Westphalie se virent dépourvus des moyens de transport suffisants pour amener chez eux les minettes lorraines ; ceux de la Ruhr, de Dortmund, de Dusseldorf, et avec eux Rœchling, de Sarrebrück, qui s'était installé à Thionville, réclamèrent l'exécution de la canalisation de la Moselle en aval de Metz, mais les mines fiscales de la Sarre, Stumm et les forges d'Aix-la-Chapelle, de la Lahn et de la Dill s'y opposèrent. Les conclusions officielles, qui n'intervinrent qu'en 1891, étaient favorables au projet, mais le chancelier décida que la question d'exécution ne serait abordée que si les gouvernements d'Alsace-Lorraine et de Prusse s'engageaient à faire respectivement les frais des travaux sur leur territoire propre ; or, la partie

lorraine était de 60 kilomètres, et la partie prussienne de 240. C'était, en somme, remettre l'exécution au gouvernement prussien, qui n'en voulait à aucun prix ; il laissa tomber l'invitation, et
l'affaire fut mise en sommeil jusqu'en 1903.

Le gouvernement, à ce moment, présenta le
programme des grands travaux fluviaux qui devait
si considérablement favoriser la Westphalie ; les
métallurgistes du Sud-Ouest, dont les Wendel
furent les porte-parole, demandèrent que par
réciprocité la canalisation de la Moselle y fût
jointe, offrant même une participation personnelle
de près de 20 millions, qui réduirait d'autant la
part de la Prusse : celle-ci était mise au pied du
mur. Le gouverneur d'Alsace-Lorraine essaya
d'écarter cette proposition inopportune ; il exigea,
avant de la transmettre, l'approbation du Landes-
ausschuss, et l'adhésion des intéressés, y compris
ceux du Luxembourg, qu'il savait défavorables à
la demande dans la forme où elle était présen-
tée, et on gagna de la sorte 1905, où seulement
l'affaire vint devant le Landtag prussien. Le
ministre des travaux publics s'y opposa nettement sous prétexte que, la métallurgie du Sud-
Ouest venant à trouver un jour dans la Sarre ou
en Lorraine les cokes nécessaires, toute lutte
serait rendue impossible à la Westphalie (1), et
l'affaire fut écartée.

---

(1) Le ministre dénonçait également la tendance des grands
industriels westphaliens à transporter dans le bassin lorrain une
partie de leurs usines sidérurgiques. De son côté, la Chambre de
commerce de Duisburg avait pris, à ce sujet, une résolution où
se trouve cette déclaration : « Au point de vue économique, il est
certain que l'industrie rhénane-westphalienne du fer et de l'acier

Afin de calmer les inquiétudes de cette dernière, les chemins de fer de l'État lui accordaient le tarif de faveur qu'on sait pour l'apport des minerais de Briey ; ceux du Sud-Ouest, pour rétablir l'équilibre, reprirent l'éternelle question de la canalisation de la Moselle et de la Sarre, et l'avocat, cette fois, fut le député de Sarrebrück, le métallurgiste Rœchling. Le gouvernement fut interpellé en avril 1910 ; le même ministre des Travaux publics manifesta au même projet la même opposition, il changea seulement le prétexte et invoqua la répercussion que cette mesure aurait sur les recettes des chemins de fer et jusqu'à sur la situation financière de l'État : « La canalisation, conclut-il avec une assez lourde ironie, ne pourra être envisagée que le jour où la région rhénane-westphalienne serait contrainte de recourir aux réserves du charbon de la Lorraine. » Le Reichstag repoussa la proposition Rœchling et vota, en même temps, l'établissement du canal de la Lippe et du canal du Rhin à la Leine.

Une nouvelle tentative fut faite, le 17 novembre 1911, au Reichstag par le député Bassermann dans la discussion d'un nouveau programme de travaux fluviaux : par amendement il proposa d'y joindre la canalisation de la Moselle et de la Sarre. Le ministre naturellement y

est tout à fait fondé à appréhender les plus grands dommages d'une canalisation de la Moselle et de la Sarre. *Étant donnée la tendance nettement discernable qu'ont déjà les usines à se transporter dans la région du Sud-Ouest, la mise à exécution de ce projet aurait pour conséquence certaine d'obliger l'industrie sidérurgique rhénane-westphalienne à émigrer dans le bassin du Sud-Ouest afin d'y profiter de la proximité des gisements de minerai de fer.* » (Houillères de France. Circulaires 3628, 4057, 4424).

fit l'opposition habituelle sans, d'ailleurs, varier les
arguments : on constate, déclara-t-il, une tendance
chez les grands métallurgistes westphaliens à
transporter leurs usines dans le bassin lorrain ;
les hauts-fourneaux westphaliens sont moins bien
partagés que ceux de la Lorraine, au point de vue
de l'approvisionnement en minerai ; la canalisation de la Moselle et de la Sarre permettrait aux
usines de ces régions une concurrence trop redoutable.... L'amendement n'alla pas plus avant.

Et, pour punir peut-être ces régions du Sud-
Ouest d'avoir, en défendant leurs intérêts, ré-
vélé la position périlleuse de la métallurgie
westphalienne, le même gouvernement, qui refusait la canalisation de la Moselle et de la Sarre,
réalisait dans le même temps celle autrement
difficile du Rhin jusqu'à Strasbourg et décidait
de prolonger cette canalisation jusqu'à Bâle. La
metallurgie westphalienne était de la sorte in-
troduite dans les positions mêmes de celle du
Sud-Ouest et jusque dans cette Suisse qui était
son seul marché exterieur. Thyssen s'assurait, en
1912, un lot considérable de terrains dans le port
de Strasbourg (¹), et, en décembre 1915, encore
illusionnée sur l'issue de la guerre, Gutehoffnung tentait, mais sans le même succès, la
même opération à Bâle (²).

(¹) *Houillères de France.* Circulaire 4599.
(²) *Le Temps,* 16 décembre 1915.

CONCLUSION

LA POLITIQUE MÉTALLURGIQUE DE LA FRANCE SUR LA RIVE GAUCHE DU RHIN

Je tiens de M. l'abbé Wetterlé qu'un jour où le Centre catholique allemand discutait sur l'attitude à prendre dans cette question de la canalisation de la Moselle, un député de Dusseldorf, le docteur Am. Zahnhoff, pour combattre le projet, donna, à la stupéfaction de tous, cet argument : « Nous allons engager 30 millions dans cette entreprise, et puis les Français viendront et ils s'empareront du fruit de nos efforts. » L'opposition constante que le gouvernement impérial fit à la métallurgie du Sud-Ouest avait assurément une autre cause, et cette étude, nous l'espérons au moins, l'aura clairement fait apparaître : c'était de contrarier l'attraction métallurgique de la Lorraine, d'empêcher la concentration de la production de fonte et peut-être du reste de la sidérurgie sur des frontières éternellement disputées, dans des régions usurpées par l'Allemagne. Mais l'homme, fût-il empereur, ne peut séparer ce que Dieu a réuni ; la nature est plus forte que les combinaisons politiques, et la volonté de la terre demeura irréductible.

En 1912, on ne comptait pas moins de 85 hauts-fourneaux dans la Lorraine et la Sarre, 43 dans le Luxembourg, dont la production d'ensemble atteignait presque 8 millions de tonnes de fonte. Et Thyssen installait à Hagondange une usine monstre, Gutehoffnungshutte achetait de vastes terrains près de Thionville pour un établissement de grande production, Stumm ajoutait une aciérie à ses usines d'Uckange, Phönix projetait de s'établir en Luxembourg, on parlait même d'une installation de Krupp en Lorraine [1]. Quoi qu'on ait

---

[1] PAWLOWSKI, livre cité, p. 235.
Il n'est peut-être pas sans intérêt de donner ici la liste des principales firmes métallurgiques de la Lorraine annexée, du Luxembourg et de la Sarre :
LORRAINE ANNEXÉE : de *Wendel* : 17 hauts-fourneaux à Hayange, Knutange et Moyeuvre ; aciéries à Hayange et Moyeuvre ; laminoirs à Hayange, Moyeuvre et Rosselange. — *Lothringer hutten-verein Aumetz Friede* : 9 hauts-fourneaux, aciérie et laminoirs à Fontoy, Knutange et Algrange. — *Rombacher huttenwerke* : 11 hauts-fourneaux, laminoirs et convertisseurs à Rombach et Maisières. — *Stumm frères* : 6 hauts-fourneaux à Uckange. — *Gelsenkirchen* : 4 hauts-fourneaux à Audun-le-Tiche. — *Dillinger Hutte* : 4 hauts-fourneaux et aciérie à Redange. — *Rœchlingsche eisen und stahlwerke* : 4 hauts-fourneaux à Karlshutte, près Thionville. — *Sambre-et-Moselle* : 4 hauts-fourneaux et fonderie à Maizières. — *Deutsch-Luxembourg* : 3 hauts-fourneaux à Ottange. — *Thyssen* : 8 hauts-fourneaux et laminoirs à Hagondange. — *Lothringen Eisenwerke* : 3 hauts-fourneaux à Ars-sur-Moselle.
LUXEMBOURG : *Aciéries réunies Burbach Eich Dudelange* (société belge, française et luxembourgeoise) : 10 hauts-fourneaux, fonderie, aciérie et laminoirs à Dudelange et Esch. — *Deutsch-Luxembourg* : 9 hauts-fourneaux, aciéries et laminoirs à Differdange et Rumelange. — *Gelsenkirchen* : 5 hauts-fourneaux et aciérie à Esch. — *Ougrée-Marihaye* (société belge) : 4 hauts-fourneaux et aciérie à Redange.
SARRE : *Burbacher hutte* : 6 hauts-fourneaux, aciérie et lami-

fait, la métallurgie était restée et s'était singulièrement accrue sur la frontière, et si l'on observe
qu'une partie, faible sans doute, mais dont il
faut tenir compte, de cette métallurgie allemande
était posée en Silésie, sur l'autre frontière de
l'Est, on constatera qu'en 1914, quand la guerre
éclata, l'Allemagne, sur 359 hauts-fourneaux, en
avait 165 sur ses frontières de l'Ouest et de l'Est,
et qui faisaient à eux seuls près de la moitié de la
production de fonte de l'empire (8.785.000 sur
19.391.000 tonnes).

C'était un point faible, un autre pouvait et
aurait dû être mortel. A cette même date, sur
50 millions 1/2 de tonnes de minerai de fer consommés par la métallurgie allemande, 28 millions 1/2 provenaient de la frontière lorraine et
plus de 14 millions 1/2 de l'étranger. Et, circonstance singulièrement aggravante, l'extraction de
ces 28 millions de minerai lorrain était ramassée,
sur la frontière, dans un secteur d'une vingtaine
de kilomètres sur six au plus de profondeur et
même deux au point le plus actif, Hayange-
Moyeuvre. En sorte qu'en gardant strictement la
frontière, de Longwy à Briey, l'armée française
tenait sous le canon près des deux tiers du minerai
de fer allemand et que le blocus devait lui interdire le reste. Dans ces conditions, une guerre
franco-allemande n'aurait dû être qu'un engage-

---

noir à Burbach. — *Rœchlingsche eisen und Stahlwerke*: 5 hauts-
fourneaux à Volklingen. — *Geb. Stumm*: 5 hauts-fourneaux, aciérie
et laminoire à Neunkirchen. — *Halbergerhutte*: 5 hauts-fourneaux,
fonderie, aciérie et laminoire à Brebach, près Sarrebrück. — *Dillingen hutte*: 5 hauts-fourneaux, aciérie et laminoire à Dillingen.

ment de courte durée... si en France on avait su,
— mais savait-on ?

Alors que les Allemands avaient mis leur bassin
lorrain sous la défense des forts de Metz et de
Thionville, notre frontière de Briey était sans
défense : l'armée allemande, avant même la déclaration de guerre, prenait sans coup férir les
points essentiels de ce bassin de Briey et s'assurait ainsi contre le danger d'être coupée de sa
production minière et réduite dans sa production
métallurgique, — infligeant par contre-coup à
l'ennemi le double dommage qu'elle redoutait de
lui...

Mais regardons l'avenir et non le passé.

Une raison d'État tourna la politique allemande contre les métallurgies de la Lorraine et
de la Sarre, et en même temps contre les industries de ces deux régions, qui furent positivement
isolées du reste de l'empire et, suivant un mot
retentissant, « exterritorialisées économiquement ».

Rentrant dans la nation française, aux destinées de laquelle la nature les a si expressément
associées, ces régions retrouveront, par la force
des choses, la pleine prospérité dont elles furent
si longtemps frustrées, car la France y aura un
intérêt évident.

Le plus sûr moyen sera la mise en pleine valeur
des charbonnages de la Sarre : l'extraction y
devra être intensifié et la permission enfin rendue
à leurs houilles de faire du coke métallurgique.
L'Allemagne, ayant trop de charbon, avait intérêt à restreindre la production de ces houillères ;

la France, pauvre en houille, devra, au contraire, leur faire donner leur plein rendement : ces régions lorraines, comme le pays tout entier, en auront le bénéfice. C'est là une affaire d'État et, à mon sens, le meilleur moyen serait que l'État français se substituât au fisc prussien, non seulement dans la possession, mais dans l'exploitation de ces charbonnages. Il est indispensable que l'État français puisse être le moteur industriel de ces régions et qu'il conserve un aussi puissant moyen d'autorité. Seul aussi, il pourra donner à l'extraction son développement nécessaire et des prix raisonnables, et seul peut-être il sera en mesure de relever ces charbons de leur inaptitude métallurgique en assurant une fortune à l'inventeur qui la fera cesser.

La Lorraine, intégralement reconstituée avec ses centres miniers et houillers, pourra répondre pleinement à sa vocation métallurgique. Et comme ainsi la métallurgie française passera de la sous-production à la surproduction, une politique d'exportation deviendra nécessaire et force sera de donner à ces industries un débouché sur la mer, qui ne peut être obtenu aux moindres frais que par la double canalisation de la Moselle et de la Sarre.

Retirer à la Prusse la Lorraine et la Sarre, qu'elle prit à la France, c'est lui retirer son hégémonie métallurgique, seule la France le peut. Car la Westphalie, qui restera le seul centre sidérurgique de l'Allemagne, n'aura pendant un assez long temps d'autre minerai de fer que celui que la France voudra lui céder : nous serons ainsi les

maîtres de son prix de revient, mais encore à la
condition de ne pas laisser, sans partage ni contrôle, aux intérêts particuliers l'exercice d'un aussi
délicat commerce. L'intérêt national commande
que l'exportation des minerais soit au moins
contrôlée, peut-être même réglementée par l'État.

On va répétant que le problème soumis aux
délibérations de la Conférence de la paix est sans
analogue ni précédent : quant aux modalités
peut-être, mais quant à l'objet, non. Elle est, en
effet, vieille comme le monde, cette opération de
police internationale, qui consiste à retirer à un
État, qui trouble l'ordre et la paix du monde,
toute possibilité de nuire, toute faculté d'agression : c'est exactement ce qu'on fit contre nous,
en 1815.

Assurément, l'œuvre des traités de 1815 fut
détestable et en somme manquée, puisqu'elle mit
l'Europe en feu pendant un siècle, pour substituer à un impérialisme d'idées un impérialisme
de négoce. Mais il faut reconnaître que son objet
immédiat ne fut, hélas ! que trop bien atteint :
retirer à la France toute possibilité d'offensive
initiale, lui imposer la défensive en reportant sa
frontière militaire en arrière de sa frontière politique.

Tel fut, de l'aveu de ses inspirateurs, le secret
de la frontière que nous dûmes subir en 1815 et
en 1871. L'objet primordial du futur traité de
paix devra être de retourner la situation contre
l'Allemagne, de lui retirer stratégiquement toute
faculté d'attaquer, et de la mettre, à cet effet,
dans la nécessité de se défendre.

Plusieurs moyens permettront ce résultat : le tracé de la frontière est assurément l'un des plus pratiques.

Le Rhin est, de toute évidence, la ligne de partage de l'Europe centrale d'avec l'Europe occidentale ; c'est la frontière naturelle de l'Allemagne, ce doit être aussi sa frontière politique : « la ligne Hindenburg doit être tracée sur le Rhin », déclarait, il y a deux ans, Lloyd George. Cela étant, y a-t-il intérêt à ce que la France et l'Allemagne du Nord aient une frontière commune, et ne serait-il pas, au contraire, préférable, nos frontières historiques restituées, de laisser en glacis le reste de la rive gauche, sauf, la Prusse chassée, à tenir cette région désarmée et à laisser aux Alliés le contrôle des principaux points de passage et nœuds de communication ? Un mot résume la situation : mettre notre frontière militaire non plus en arrière, mais en avant de la frontière politique.

C'est la vraie solution de la question d'Occident.

C'est le vieux moyen militaire ; il n'en faut pas faire fi. La précaution est nécessaire : un politique doit prévoir le pire, voir les choses comme elles sont et non comme elles devraient être, ou comme il voudrait qu'elles fussent. Soyons réalistes. Les meilleures organisations de paix sont choses humaines et par suite faillibles. Le pays qu'on a cru brider peut rompre ses lisières plus vite qu'on ne pensait, et, dans l'espèce envisagée, c'est nous, France et Belgique, qui en aurons la première atteinte. Gardons-nous donc étroitement

et ne sacrifions pas nos sûretés à un beau rêve
que l'événement peut décevoir.

Mais il n'est pas, pour assurer la paix, que
des moyens militaires ; il en est d'économiques, car la force des choses dépasse celle des
hommes.

C'est par sa métallurgie que l'Allemagne put
si longtemps tenir le coup contre le monde
coalisé ; c'est sa métallurgie qui a le plus
poussé à la guerre ; le président de la Ligue
militaire et de la Ligue maritime, ces pires
foyers du pangermanisme, était, le fait est acquis, à la solde de la maison Krupp. Or, la majeure partie de cette métallurgie — et la plus
offensive — était en Westphalie, et elle n'y
était, on vient de le voir, que par une volonté
gouvernementale.

Une industrie se place où est sa matière première, et, si elle en a deux, sur celle dont elle use
le plus et la plus lourde. C'était, dans l'espèce, le
minerai de fer, et ce minerai ne se trouvait qu'à
l'ouest du Rhin, sur la frontière même de 1871 ;
la rive droite ne possède que le charbon. Ainsi la
métallurgie allemande se voyait invinciblement
attirée sur la rive gauche du Rhin, et dans cette
région de la Lorraine et de la Sarre qui détenait,
seule en Europe, avec le minerai, le charbon, et
qui, par surcroît, avait, par la Moselle et la Sarre,
l'accès de la plus magnifique voie de transport, le
Rhin.

La rive gauche du Rhin et la Lorraine sont les
terres d'élection de la métallurgie. Comprenant
mieux qu'en France le péril d'une concentration

métallurgique sur une frontière, le gouvernement allemand fit tout pour le conjurer et il faut reconnaître que sa politique à cette fin fut un miracle de prévoyance et d'habileté ; il put, en effet, contrarier cette volonté de la terre et maintenir le principal de sa métallurgie, et toute sa métallurgie de guerre, sur la rive droite du Rhin, en Westphalie. Il y parvint par des roueries et de vrais tours de Scapin, sabotant systématiquement la fabrication du coke de la Sarre et le rendant inemployable par les hauts-fourneaux et surtout refusant obstinément la canalisation de la Moselle et de la Sarre.

Par ces deux moyens la rive gauche du Rhin se trouva, en fait, interdite à la métallurgie allemande, mais c'était par l'arbitraire ; la force des choses est toujours là et elle conspire avec notre intérêt, celui de ces régions et de la paix du monde.

N'est-il pas évident que ce serait retirer le plus sûrement à l'Allemagne son pouvoir offensif que d'attirer et, s'il se peut, de concentrer sa métallurgie sur cette rive gauche désarmée, sur ce glacis, en position d'otage, d'instituer cette rive gauche du Rhin en pays du fer et de mettre ainsi la métallurgie allemande sous le canon ?

Ce n'est pas là un rêve, une imagination, une fantaisie : nous avons en mains tous les éléments de sa réalisation.

Nous tenons et nous tiendrons pendant un long temps la métallurgie allemande par le minerai, qu'elle ne peut trouver en quantité suffisante qu'en Lorraine. Déjà nous entendons l'appel des industries du fer et de l'acier de la rive droite : « Si une importation du minerai de Lorraine n'est pas faite au plus vite — peut-on lire dans la *Gazette du Rhin et de Westphalie* du 21 décembre 1918 — nos hauts-fourneaux devront s'arrêter, car, l'importation des minerais lorrains cessant, les grandes industries de la rive droite devront cesser leur travail. » Un tarif différentiel pour le minerai à destination de l'une ou l'autre rive du Rhin attirerait forcément la métallurgie sur la rive la plus favorisée, d'autant que la prétendue inaptitude métallurgique du coke de la Sarre était une simple mystification

Mais pour que cet établissement de la métallurgie allemande sur la rive gauche du Rhin se puisse faire, il est nécessaire que cette région soit pourvue des moyens de communication voulus et par-dessus tout d'un accès direct au Rhin. La canalisation de la Moselle et de la Sarre est indispensable et il importerait d'en faire une clause expresse de traité de paix.

Décidée en 1867 et presque réalisée jusqu'à Metz en 1870, la canalisation de la Moselle devait, de par le traité même de Francfort, être poursuivie, mais l'Allemagne éluda l'obligation, malgré les réclamations des intéressés : l'affaire était pourtant peu onéreuse, 40 millions pour la canalisation de la Moselle, 27 millions pour celle de la Sarre. En 1911, la Chambre de commerce de Duisburg, on l'a vu, dévoilait la raison de l'interdit : « La mise à exécution d'un tel projet aurait pour conséquence certaine d'obliger l'industrie sidé-

rurgique rhénane-westphalienne à émigrer dans
la région du Sud-Ouest afin de profiter de la
proximité du minerai de fer. » De fait, la canalisation de la Moselle eût abaissé pour la Lorraine de près de 2 marks le prix de revient de
la fonte et de plus de 3 marks celui du transport
des produits finis ; la canalisation de la Sarre
aurait eu le même résultat pour les établissements sidérurgiques de cette région, et dans de
telles conditions la Westphalie eût été incapable
de tenir le coup...

Ce que la Prusse s'est obstinée à refuser, la
France, elle, le devra faire, car la raison politique
se doublera d'une nécessité économique. Le retour
des métallurgies de l'ex-Lorraine annexée et de
la Sarre doublera et plus notre production sidérurgique, nous fera passer de la sous-production
à la surproduction et rendra nécessaire une politique d'exportation : force sera, dès lors, de donner à ces industries un débouché sur la mer, et
ces incomparables voies d'eau l'assureront naturellement.

Il paraît donc indispensable qu'une clause du
prochain traité de paix assure le droit pour la
France de parfaire et d'entreprendre la canalisation de la Moselle et de la Sarre : on voit les conséquences d'une telle mesure pour la paix du
monde.

La métallurgie allemande, qui eut de telles res-
ponsabilités dans cette guerre, doit perdre tout
esprit offensif : le plus sûr moyen serait de l'amener, où son intérêt la pousse, sur la rive gauche
du Rhin, sur le glacis, dans la zone des premiers

combats ; quand elle sentirait que sa des-
truction serait le premier enjeu d'une guerre
et d'une agression de l'Allemagne, il y a gros
à parier qu'elle deviendrait rapidement paci-
fiste.

ANNEXE

LA RESPONSABILITÉ DES HOHENZOL-
LERN DANS LA GUERRE 1914-1918

LES/RÉVÉLATIONS DE THYSSEN

Ce mémoire parut en août 1918 en anglais, et fut principalement distribué aux États-Unis et adressé aux membres du Congrès, comme ayant pour auteur le célèbre métallurgiste A. Thyssen. Il fut presque aussitôt publié par le Dr Onsum, dans l'*Aftenpost* de Christiania (8 septembre 1918). Malgré les protestations allemandes, le Dr Onsum se porta garant de son authenticité : aussi bien, dès qu'il eut paru, Thyssen se réfugia-t-il en Suisse. Ceux qui connaissent Thyssen affirment que l'authenticité en est plus que vraisemblable et ils l'expliquent par le fait que Thyssen désirait prendre par là du côté des États-Unis et peut-être même de la France, des assurances sur les intérêts considérables qu'il détient en Lorraine. Le rôle de dissident que Thyssen a toujours joué dans la métallurgie allemande et que nous avons relevé au cours de cette étude, ajoute encore à cette hypothèse. Nous avons donc cru intéressant de le reproduire, à

titre de document, et d'après la traduction qui en a
été donnée par le *Bulletin quotidien de la presse étrangère*, des ministères de la Guerre et des Affaires étrangères (17 septembre 1918) :

« Je publie cette brochure parce que je désire
ouvrir les yeux aux hommes d'affaires allemands.
Lorsque les Hohenzollern voulurent s'assurer
l'appui du monde industriel et commercial pour
l'exécution de leurs plans, ceux-ci nous furent
présentés comme une pure affaire commerciale ;
on fut invité à soutenir la politique de guerre du
kaiser, celle-ci devant être pour nous une affaire
lucrative. J'avoue tout de suite que moi-même j'ai
été de ceux qui ont donné leur approbation au
plan de guerre des Hohenzollern, lorsque celui-ci
fut soumis, en 1912-13, aux hommes d'affaires les
plus en vue d'Allemagne. J'y ai d'ailleurs été
décidé contre ma volonté. En 1912, la maison des
Hohenzollern considérait que la guerre était devenue une nécessité pour maintenir le système
militaire, sur la puissance duquel elle s'appuyait.
Cette année-là, la maison impériale, si elle l'eût
désiré, eût conduit la politique extérieure du pays
de telle sorte que la paix en Europe aurait été
assurée au moins pour les prochaines cinquante
années. — Mais une prolongation de la paix eût
signifié un écroulement du système militaire —
et par là même, de la puissance des Hohenzollern.
L'empereur et sa famille le comprirent clairement
et, en 1912, ils étaient décidés à une guerre de
conquête. Mais pour pouvoir la mener à bien, ils
devaient avoir l'appui du monde commercial et

industriel allemand ; aussi fit-on miroiter à ses
yeux tous les grands avantages personnels qu'une
telle guerre lui procurerait. Si l'on considère ce
qui s'est passé depuis août 1914, ces promesses
paraissent à présent complètement ridicules, mais
la plupart de nous ont été à ce moment-là réellement enclins à croire à leur réalisation. Personnellement on m'avait promis 30.000 acres de
terrain en Australie et un prêt de 3 millions de
marks à 3 0/0 d'intérêt comme capital d'exploitation. A d'autres maisons, on promit des concessions commerciales aux Indes, lorsque ce pays
aurait été conquis, en 1915, par l'Allemagne. Un
syndicat, composé de douze grandes firmes, avait
été formé pour l'exploitation du Canada avec un
capital de 400 millions de marks. On s'adressa à
toutes les branches du commerce. De fortes indemnités de guerre devaient être imposées aux
nations vaincues et les heureux hommes d'affaires
allemands auraient par là, pratiquement parlant,
échappé pendant plusieurs années à l'obligation
de payer des impôts. Ces promesses n'ont pas été
données à la légère. Elles ont été formulées dans
des termes précis par Bethmann-Hollweg, à l'instigation de l'empereur, au cours de conférences
avec des hommes d'affaires, et dans bien des cas
elles ont été faites personnellement à certains
d'entre eux. J'ai parlé de la promesse qui me fut
faite de 30.000 acres de terrain en Australie. Des
promesses pareilles ont été faites au moins à
quatre-vingts autres ; et dans des conférences spéciales ces promesses ont été spécifiées sur des
protocoles du ministère des Affaires étrangères.

Les promesses ont été confirmées par l'empereur lui-même en trois occasions successives en 1912 et 1913, alors qu'il était présent à de grandes réunions privées d'hommes d'affaires, tenues à Berlin, Munich et Cassel. J'étais moi-même présent à une de ces réunions. — L'empereur tint un des discours les plus lyriques que j'aie entendus, et il fut si débordant de promesses que, si la moitié en eût été réalisée, la plupart des hommes d'affaires d'Allemagne fussent devenus plus riches que les plus avides ne l'ont jamais rêvé. L'empereur était surtout enthousiasmé par la perspective de conquérir l'Inde. « Nous n'allons pas seulement occuper l'Inde, nous allons la conquérir et les grands tributs que l'Angleterre permet aux princes de prélever couleront après notre conquête comme un flot d'or en Allemagne. Dans tous les pays les plus riches du monde, le drapeau allemand flottera au-dessus de tous les autres drapeaux. » L'empereur termina en disant : « Je ne vous fais pas des promesses qui ne peuvent être remplies ; elles seront tenues, si vous êtes prêts aux sacrifices qu'il faut consentir pour que notre pays puisse tenir la place qu'il doit tenir et qu'il tiendra dans le monde. Celui qui refuse son appui est un traître envers l'Allemagne. Celui qui apportera son aide volontairement, recevra une riche récompense. » — Je dois avouer que tout ceci était alléchant, et, bien que quelques-uns d'entre nous doutassent de la possibilité pour l'Allemagne de conquérir le monde en une année, la majorité des hommes d'affaires et des industriels acceptèrent de soutenir les plans de guerre de l'empereur. La plupart auraient souhaité plus tard n'y avoir jamais prêté l'oreille. — D'après les promesses de l'empereur, la victoire devait être acquise en décembre 1915, et la promesse me fut donnée, ainsi qu'à d'autres gros industriels de l'Allemagne, dont on désirait obtenir de l'argent pour la caisse de guerre de l'empereur, que tout leur serait alors remboursé. Mais, en réalité, il arriva ceci : En décembre 1916, le chancelier d'Empire, Bethmann-Hollweg, organisa de nouvelles entrevues avec les hommes d'affaires. Il s'agissait de leur demander encore de l'argent. Soixante-quinze hommes d'affaires, dont j'étais, furent invités à souscrire 400 millions de marks au prochain emprunt de guerre. Personnellement, on m'invita à souscrire pour 4 millions de marks. Je refusai et d'autres en firent autant. Je fus alors favorisé d'un entretien privé avec le secrétaire particulier de Bethmann-Hollweg qui me déclara que, si je me refusais à souscrire la somme ci-dessus indiquée, je perdrais une commande que j'avais pour le ministère de la Guerre. Je fus même pratiquement menacé de la ruine de ma maison, si je refusais. J'appelai cela un chantage des plus éhontés, et me refusai à souscrire un seul mark à l'emprunt de guerre. Deux mois après, mon contrat de livraisons au ministère de la Guerre fut annulé et la majeure partie de mon affaire fut reprise par le gouvernement pour un prix équivalent à une confiscation, prix dont je ne recevrais le montant qu'après la guerre, un intérêt de 4 0/0 de rentes m'étant payé jusque-là pour la somme d'achat. Quiconque refusait de

F. ENGERAND   15

souscrire le montant que l'on exigeait de lui, était traité de la même manière. La plupart préférèrent payer plutôt que d'être ruinés et c'est ainsi que l'empereur obtint ce qu'il désirait. — Voyons un peu ce que valent dans la pratique les promesses de l'empereur. En mars dernier, le ministère des Affaires étrangères a envoyé à un grand nombre de commerçants une circulaire dans laquelle il est dit entre autres choses : « Il serait à recommander aux maisons qui font du commerce dans ces pays d'utiliser des agents pouvant se donner comme Français ou Anglais. Des agents ou des voyageurs allemands rencontreront vraisemblablement pendant quelque temps après la guerre, des difficultés à faire des affaires, non seulement dans les pays ennemis, mais aussi dans les pays neutres. Un préjugé s'établira indubitablement contre les Allemands, ce qui rendra difficile à des représentants de firmes allemandes, la conclusion d'affaires. Bien que ce préjugé ne puisse précisément gêner le commerce allemand — puisqu'il sera plutôt d'un caractère personnel — les affaires seraient cependant rendues moins difficiles si les firmes voulaient employer des agents susceptibles de passer de préférence pour des Français ou des Anglais, et aussi pour des Hollandais, des Américains ou des Espagnols. » Voilà ce qui nous attend après la guerre. L'idée de la circulaire est exactement celle-ci : Nous, Allemands, nous sommes désormais tellement méprisés et haïs en dehors de notre pays que personne après la guerre ne voudra avoir de relations avec nous. Un grand nombre de maisons reçoivent maintenant et en grand secret des subventions de l'État. Les conditions en sont qu'après la guerre, elles doivent se soumettre à un important contrôle d'État. Ceci est un des côtés du plan de l'empereur pour, après la guerre, obtenir le contrôle sur le monde des affaires allemand et diminuer ainsi les chances d'une révolution. Les hommes qui ont accepté des subventions et le contrôle de l'État après la guerre, ont été informés par notre ministère des Affaires étrangères que l'Allemagne doit, trois ans après la guerre, et grâce à une organisation adaptée en conséquence, avoir regagné sa position commerciale d'avant la guerre. On dit que nous allons regagner notre ancienne situation commerciale trois ans après la signature de la paix et comme conclusion, nous devons accepter de laisser contrôler nos affaires par l'État. — Tout Allemand à qui l'empereur a laissé entrevoir pareille solution ne peut éviter de reconnaître qu'il a été attrapé et dupé, de même qu'il a été mystifié en soutenant une guerre dans laquelle tout ce que nous pouvons espérer de mieux, c'est d'éviter la banqueroute d'État.

LISTE DES CONCESSIONS MINIÈRES DU BASSIN LORRAIN

ET DE LEURS CONCESSIONNAIRES (¹)

LORRAINE FRANCAISE

1. Coulmy (Gorcy), 62 hect.
2. Chatelet (Boutmy), 6 hect.
3. Romain (Gorcy), 140 hect.
4. **Warnimont** (*Musson*), 114 hect.
5. **Senelle** (la Chiers), 784 hect.
6. **Mont-Saint-Martin** (Aciéries Longwy), 626 hect.
7. **Mexy** (de Saintignon), 230 hect.
8. **Saulnes** (Raty), 97 hect.
9. **Lexy** (la Providence), 469 hect.
10. **Pulventeux** (*Rœchling*), 215 hect.
11. **Moulaine** (Longwy), 371 hect.
12. **Mont de Chat** (la Chiers), 221 hect.
13. **Rehon** (de Saintignon), 343 hect.
14. **Herserange** (Longwy), 438 hect.
15. **Villerupt** (*Aubrives-Villerupt*), 326 hect.
16. **Longleville** (Raty), 261 hect.
17. **Micheville** (Aciéries de Micheville), 400 hect.
18. **Hussigny** (la Providence et Longwy), 206 hect.
19. **Jœuf** (de Wendel et Schneider), 1.312 hect.
20. **Cantebonne** (Aciéries Angleur), 10 hect.
21. **Godbrange** (Senelle-Maubeuge, Longwy et de Saintignon), 952 hect.

(¹) Les noms en caractères gras désignent les seules mines en exploitation ; les noms en italiques sont ceux des détenteurs allemands de mines de la Lorraine française. — Les numérotages en chiffres arabes et en chiffres romains correspondent à ceux de la carte.

22. Cosnes (Lorraine industrielle), 55 hect.
23. Bois d'Avril (de Wendel), 482 hect.
24. Serrouville (Deutsch-Luxembourg), 720 hect.
25. Hemecourt (Aciéries Marine), 884 hect.
26. Auboué-Moineville (Pont-à-Mousson), 1.497 hect.
27. Moutiers (Gorcy, Deutsch-Luxembourg, Cockerill, Ougrée Marihaye), 696 hect.
28. Valleroy (Longwy et Rœchling), 886 hect.
29. Brehain (Micheville), 379 hect.
30. Tiercelet (la Providence, Lorraine industrielle, la Chiers, Longwy, Senelle-Maubeuge), 769 hect.
31. Crusnes (Aubrives-Villerupt), 475 hect.
32. Giraumont (Châtillon-Commentry), 800 hect.
33. Jarny (Phœnix), 812 hect.
34. Floury (Aciéries de Popoy), 808 hect.
35. Jouaville (Thyssen), 1.031 hect.
36. Labry (Châtillon-Commentry), 858 hect.
37. Briey (Schneider), 1.093 h.
38. Batilly (Thyssen), 689 hect.
39. Droitaumont (Schneider), 1.170 hect.
40. Conflans (Viellard-Migeon et Dillingerwerke), 820 hect.
41. Brainville (la Providence), 1.155 hect.
42. Bellevue (la Chiers et Burbach), 589 hect.
43. Genaville (Micheville), 688 hect.
44. Errouville (de Wendel et Burbach), 948 hect.
45. Pillières (Villerupt, Laval Dieu), 805 hect.
46. Sancy (Phœnix), 735 hect.
47. Bazonville (Micheville), 600 hect.
48. Manoe (de Wendel), 720 h.
49. Tucquegnieux (Longwy). 1.196 hect.

50. Moivy (Pont-à-Mousson), 1.092 hect.
51. Anderny-Chevillon (Aciéries de la Marine), 1.916 hect.
52. Reuvillers (la Chiers et Ougrée-Marihaye), 723 hect.
53. Malavillers (Denain Anzin), 504 hect.
54. Murville (Senelle-Maubeuge et Aumetz-Friede), 498 hect.
55. Bertrameix (Senelle-Maubeuge), 423 hect.
56. Landres (Micheville), 533 h.
57. La Housière (Société de Mauridre), 674 hect.
58. Bouligny (Sambre-et-Moselle et Chappée), 486 hect.
59. Pienne (Aciéries du Nord et de l'Est), 862 hect.
60. Joudreville (Commentry-Fourchambault et la Chiers), 501 hect.
61. Amermont (la Providence et de Saintignon), 566 hect.
62. Dommary (Forges de Champagne), 475 hect.
63. Bottainvillers (Longwy), 463 hect.
64. Saint-Pierremont (Gelsenkirchen), 917 hect.
65. Hatrize (de Wendel), 842 h.
66. Bruville (Société d'études minières lorraines), 874 hect.
67. Ville-au-Montois (Société des recherches de l'Est), 1.048 hect.
68. Grande-Rimont (Basse-Loire), 960 hect.
69. Abboville (Aciéries de France), 869 hect.
70. Moroy-le-Haut (Société de Moroy-le-Haut), 2.024 hect.
71. Audun-le-Roman (Société des mines d'Audun-le-Roman), 986 hect.
72. Bazailles (Société des mines de Bazailles), 2.188 hect.

LORRAINE ANNEXÉE

1. Heidt (Le Gallais, Metz), 42 hect.

II. Roßlingen-Glückauf (Dillingen), 263 hect.

III. Gute Hoffnung II (Schmidt) 85 hect.

IV. Gute Hoffnung I (Zoller), 55 hect.

V. Friedrich-Edmund (Borat), 20 hect.

VI. Schmitgen (Laboulle François), 9 hect.

VII. Butte (Aubrives-Villerupt), 128 hect.

VIII. Saint-Michel (Gelsenkirchen), 1.546 hect.

IX. Ottingen III (Deutsch-Luxemburg), 285 hect.

X. Ottingen II (Ougrée, Athus, Providence), 168 hect.

XI. Ottingen I (Deutsch-Luxemburg), 101 hect.

XII. Ottingen-Erweiterung (Burbach), 187 hect.

XIII. Achon (Monceau), 43 h.

XIV. Sterkrade et Anschluss (Phönix), 86 hect.

XV. Langenberg (Krupp), 180 h.

XV. Langenberg (Krupp) 180 hect.

XVI. Kramer (Burbach), 150 h.

XVII. Volmeringen (Eschweiler), 166 hect.

XVIII. Rosenmühle (Deutsch-Luxemburg), 190 hect.

XIX. Kanton Huber u. F. Hutte (Mulheim), 186 hect.

XX. Keyburg (Lamotte et Cie), 169 hect.

XXI. Molvingen (Laval-Dieu, Gelsenkirchen).

XXII. Carl Ferdinand (Stumm), 1.017 hect.

XXIII. Gust. Wiesener (Phönix), 338 hect.

XXIV. Thomas Byrne (Ougrée Marihaye), 198 hect.

XXV. Franz u. Capitaine Zeche (La Gallais, Metz), 250 h.

XXVI. Aumetz (Aumetz-Friede), 400 hect.

XXVII. Ida Amalienzeche (Krupp), 400 hect.

XXVIII. Gewerkschaft Algringen (Roechling), 459 hect.

XXIX. Reichsland, Ferdinand (de Wendel et Phönix), 1.342 hect.

XXX. Carl Michael (Dillingen), 208 hect.

XXXI. Algringen (Roechling), 889 hect.

XXXII. Adelheid (Burbach), 193 hect.

XXXIII. Ruxweiler Werder (Muldrich), 282 hect.

XXXIV. Alb. von Oppenheim (Phönix), 178 hect.

XXXV. Karl u. Anschluss (Le Gallais, Metz), 329 hect.

XXXVI. Escheringen (Eschweiler), 116 hect.

XXXVII. Fensbrunnen II u. Ottingen I (Meidrich), 270 h.

XXXVIII. Michelsberg Witten (Stumm), 305 hect.

XXXIX. Moltke (Backing), 679 hect.

XL. Vereinigte Empel, 209 h.

XLI. Hermann Georg, 421 hect.

XLII. Bollingen Halberg (Stumm), 305 hect.

XLIII. Hercules u. Lucş A. Servais (Phönix), 579 hect.

XLIV. Havingen (Aumetz-Friede), 297 hect.

XLV. Burbach I (Burbach), 463 hect.

XLVI. Fentsch (Bochumer-verein), 203 hect.

XLVII. Friede (Aumetz-Friee), 226 hect.

XLVIII. Zukunft, 195 hect.

XLIX. Victor (Burbach), 353 h.

L. Arnold (Aumetz-Friede), 55 hect.

LI. Unvorsacht - Erweiterung (de Wendel), 347 hect.

LII. Vereinigung (Phönix), 132 hect.

LIII. Conroy, Moyeuvre, Wackrange (de Wendel), 5.942 h.

LIV. Burbach II (Burbach), 161 hect.

LV. Fameck (Schulte Dusseldorf), 192 hect.

LVI. Roßlingen Wall (Rombach), 252 hect.

LVII. Lothringen (Stumm), 207 hect.

LVIII. Paulise, Orne, Saint-Paul, Willkomm Oreute (Rombach), 1.764 hect.

LIX. Mallancourt (Dillingen-Thyssen), 119 hect.

LX. Pierrevilliers (Thyssen), 258 hect.

LXI. Feves (Thyssen), 340 h.

LXII. Maringen (Sambre et Moselle), 1.185 hect.

LXIII. Jacobus (Thyssen), 199 hect.

LXIV. Neunkirchen-Ida (Stumm), 899 hect.

LXV. Sankta-Maria (Rombach), 628 hect.

LXVI. Jacobi St M. G. C. A. Thielen (Phönix), 1.017 hect.

LVII. Marengo, Norroy, Plesnois-Sauny (Spaeter Coblentz), 758 hect.

LXVIII. Phönix (Phönix et Gutehoffnung).

LXIX. Plappeville Saint-Quontin (Böcking), 505 hect.

LXX. Amanviller, Vincent (Montangesellschaft), 354 h.

LXXI. Volklingen, 164 hect.

LXXII. Clara (de Wendel), 4.385 hect.

LXXIII. Morel-Erweiterung (Lothringen Eisenwerke Ars), 1.645 hect.

LXXIV. Gravelotte (Dillingen) 225 hect.

LXXV. Lessy, 198 hect.

LXXVI. Maustein (Vve Grach), 149 hect.

LXXVII. Chatel (Stumm), 235 hect.

LXXVIII. Vaux (Erben de Humbert), 130 hect.

LXXIX. Les Ambogies (Gewerkshaft Rudolf), 1.042 h.

LXXX. The Losen (Phönix et Gutehoffnung), 1.479 hect.

LXXXI. Ahoy (Quinter Eisenhutte), 199 hect.

LXXXII. Novéant (Parizelli), 600 hect.

LXXXIII. Katharina (Em. Sorg), 199 hect.

LXXXIV. Toray (Phönix et Gutehoffnung), 300 hect.

LXXXV. Theodor (Montangesellschaft), 200 hect.

LXXXVI. Aroy (vicomte de Frehaut), 461 hect.

LXXXVII. Carl (Montangesellschaft), 200 hect.

LXXXVIII. Herdigny (Quinter Eisenhutte), 170 hect.

TABLE DES MATIÈRES

SAINT-AMAND (CHER). — IMPRIMERIE BUSSIÈRE.

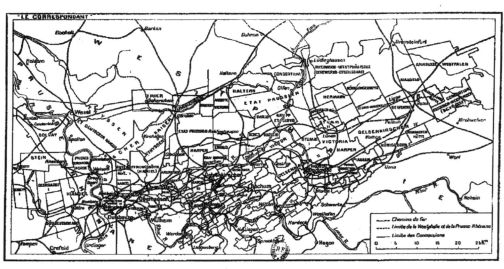

LE BASSIN HOUILLER RHÉNAN-WESTPHALIEN

LE BASSIN HOUILLER
LORRAIN DE LA SARRE

Toutes les mines de la partie de la
Prusse Rhénane appartiennent à l'État Prussien

Limites de Provinces

LES MINES DE FER
DE LORRAINE
Bassins de { Longwy - Briey-
Thionville - Metz

========= Limites d'Etat

Imprimé en France
FROC011335020320
23572FR00009B/266

9 782013 476355